Kollektives Verzeihen

Oliver Errichiello

Kollektives Verzeihen

Die konstruktive Kraft eines rätselhaften Gefühls

Oliver Errichiello
Büro für Markenentwicklung
Hamburg, Hamburg, Deutschland

ISBN 978-3-662-63018-1   ISBN 978-3-662-63019-8 (eBook)
https://doi.org/10.1007/978-3-662-63019-8

Die Deutsche Nationalbibliothek verzeichnet diese Publikation in der Deutschen Nationalbibliografie; detaillierte bibliografische Daten sind im Internet über http://dnb.d-nb.de abrufbar.

© Der/die Herausgeber bzw. der/die Autor(en), exklusiv lizenziert durch Springer-Verlag GmbH, DE, ein Teil von Springer Nature 2021
Das Werk einschließlich aller seiner Teile ist urheberrechtlich geschützt. Jede Verwertung, die nicht ausdrücklich vom Urheberrechtsgesetz zugelassen ist, bedarf der vorherigen Zustimmung der Verlage. Das gilt insbesondere für Vervielfältigungen, Bearbeitungen, Übersetzungen, Mikroverfilmungen und die Einspeicherung und Verarbeitung in elektronischen Systemen.
Die Wiedergabe von allgemein beschreibenden Bezeichnungen, Marken, Unternehmensnamen etc. in diesem Werk bedeutet nicht, dass diese frei durch jedermann benutzt werden dürfen. Die Berechtigung zur Benutzung unterliegt, auch ohne gesonderten Hinweis hierzu, den Regeln des Markenrechts. Die Rechte des jeweiligen Zeicheninhabers sind zu beachten.
Der Verlag, die Autoren und die Herausgeber gehen davon aus, dass die Angaben und Informationen in diesem Werk zum Zeitpunkt der Veröffentlichung vollständig und korrekt sind. Weder der Verlag, noch die Autoren oder die Herausgeber übernehmen, ausdrücklich oder implizit, Gewähr für den Inhalt des Werkes, etwaige Fehler oder Äußerungen. Der Verlag bleibt im Hinblick auf geografische Zuordnungen und Gebietsbezeichnungen in veröffentlichten Karten und Institutionsadressen neutral.

Einbandabbildung: © Rawpixel.com/stock.adobe.com

Planung/Lektorat: Marion Krämer, Judith Danziger
Springer ist ein Imprint der eingetragenen Gesellschaft Springer-Verlag GmbH, DE und ist ein Teil von Springer Nature.
Die Anschrift der Gesellschaft ist: Heidelberger Platz 3, 14197 Berlin, Germany

Für Morten und Bent

Vorwort: „Verzeihen – Die Grenzen der Rationalität"

Menschen mit Überzeugungen sind zu beneiden. Aus dem unendlichen Wirrwarr des Wissens, der Informationen und Meinungen schärfen sie ein eigenes Bild der Welt. Ihre Ansichten werden zu Mitteilungen. Mitteilungen transportieren mehr als eine Information, denn sie wollen Wissen „teilen". Meist indem auf Bestehendes, also Ansichten, Erfahrungen, Erlebnisse aufgesetzt wird, um die Bindung zu anderen zu stärken oder abzusichern. Mitteilungen lassen aufgrund ihrer Verankerung Gruppen Gleichgesinnter entstehen und schließen andere genau deshalb aus, die wiederum selbst Gruppen bilden. Meinungen sind deshalb so wichtig, weil sie Überzeugungen vervielfältigen, ordnen, stabilisieren und – in ihrem Korridor – ständig erneuern. In Zeiten des vermeintlichen Individualismus ein schwieriger Gedanke. Meinungen sind in der Epoche postmoderner Harmoniesucht eine Ansage zur Störung.

Überzeugungen und Mitteilungen sind der Treibstoff des Zusammenlebens. In ihrem generellen Zugriff und als Gegenstand der Gruppenbildung schaffen sie Ideeninseln, Bedeutsamkeiten, die um ihre Durchsetzung ringen. Manchmal soweit, dass wir uns „auseinanderleben" oder uns streiten. Denn Meinungen kennzeichnet, dass sie zutiefst „vorurteils-beladen" sind. Meinungen geben nicht vor, integrativ zu sein. Sie integrieren Sichtweisen, die die eigenen Überzeugungen unterstreichen. Meinungen sind frei – das ist ihr ureigenes Merkmal. Ihre Begründung liegt in ihnen selbst.

Die eigene Überzeugung oder die Überzeugung einer Gruppe ist etwas zutiefst Menschliches und verdeutlicht sowohl die Hybris, die Selbst-Überschätzung, aber auch die eigene Begrenzung eines jeden Menschen. Denn selbst auf Basis identischer Fakten mögen wir zu unterschiedlichen Beurteilungen kommen. Die moderne Welt bringt mit ihren wirtschaftlichen, sozialen und ökologischen Herausforderungen ein unendliches Komplexitätsniveau hervor, das es unmöglich macht, einen Sachverhalt vollständig beurteilen zu können. Daraus resultiert manchmal Unverständnis und Streit. Jedoch: Das Zusammenleben braucht Dissens, braucht das konstruktiv-tolerante Unverständnis des anderen – wissend, dass auch der eigene Standpunkt eben nur ein Standpunkt ist. Und eben genau an diesem Punkt setzt das „Verzeihen" ein.

Vor dem Hintergrund eines Zeitgeist, der versucht alles zu quantifizieren und zu vermessen, stellt das Verzeihen eine der letzten Bastionen der Irrationalität dar. Wir verzeihen, obwohl meist alle Gründe dagegensprechen. Das unterscheidet den seltsamen Menschen von einem logischen Algorithmus. Und doch sind die Dynamiken bei genauer Betrachtung zutiefst rational und zukunftsgewandt.

Dieses Buch ist eine Einladung an jede Leserin und jeden Leser sich über offensichtliche und verborgene Handlungen bewusster zu werden – und zu erkennen, dass nicht nur wir als Einzelwesen in Gemeinschaften handeln, sondern das Gemeinschaftliche in uns.

Oliver Errichiello

Inhaltsverzeichnis

1 Was heißt kollektives Verzeihen?   1

2 Über Gefallen und Autonomie   21

3 Über das Verzeihen   43

4 Über den Kollektivwillen   59

5 Über Meinungen vieler   75

6 Über das kollektive Verzeihen   95

7 Schlussgedanken oder: Warum uns Verzeihen zu Menschen macht   103

Über den Autor

Prof. Dr. Oliver Errichiello studierte Sozioökonomie und analytische Psychologie an den Universitäten Hamburg und Lyon. 2006 gründete er das Büro für Markenentwicklung. Oliver Errichiello ist Lehrbeauftragter für Markensoziologie und Werbe- und Konsumentenpsychologie an den Hochschulen Luzern und Bremen sowie der Universität Hamburg. 2018 ernannte ihn die Hochschule Mittweida zum Honorarprofessor. Er ist Mitorganisator der Vorlesungsreihe „Gemeinschaft und Gesellschaft" sowie „Moral und Ethik" an der Universität Hamburg.

1

Was heißt kollektives Verzeihen?

Inhaltsverzeichnis

1.1 Prolog 3
1.2 Kein Verzeihen ohne Freiheit 11
Literatur 19

Es gibt kaum eine Erfahrung, die uns so bewegt wie das Verzeihen. Verzeihen gibt es seitdem Menschen mit Menschen willentlich in Kontakt treten, in die Zukunft denken und sich ihre Hoffnungen, Erwartungen, vielleicht sogar Träume nicht so erfüllen wie gedacht, gewünscht, erhofft. Vielleicht weil das Gegenüber bewusst oder unbewusst anders als erwartet gehandelt hat. Wir ziehen uns enttäuscht zurück, brechen, sofern möglich, den Kontakt ab – für immer oder aber für eine gewisse Zeit. Irgendetwas in uns drängt zum Nachdenken, lindert das Gefühl der Niedergeschlagenheit, der Ernüchterung, sogar Wut – manchmal. Verletzungen bleiben bestehen oder vergehen. Jeder Mensch hat die Erfahrung der Enttäuschung machen müssen über einen anderen – ganz unabhängig davon, ob diese subjektive Einschätzung berechtigt ist. Und wohl jedem Menschen wurde schon einmal verziehen und wahrscheinlich hat jeder von uns schon einmal gesagt „Ist schon gut" oder in wichtigen Momenten „Ich verzeihe Dir". Verzeihen beruht auf Vertrauen. Wir verzeihen, weil wir darauf vertrauen, dass der andere erneut so handelt, wie wir es erwarten, wie es in der Beziehung üblich gewesen ist. Vertrauen ist die Beschreibung der Wahrscheinlichkeit einer konkreten Handlung. Verzeihen ist eine Grunderfahrung. Fundamental, Kultur- und Epochenübergreifend.

Wenn wir verzeihen, geben wir neue Chancen und erhalten neue Möglichkeiten. Jedoch: Jeder Mensch mag im Laufe seines Lebens einem anderen nicht verzeihen – zu groß waren Verletzungen und die Ohnmacht. Wir vertrauen nicht mehr. Wir glauben nicht, dass der andere erneut so handelt, wie wir es „an sich" vermutet haben.

Während das zwischenmenschliche Verzeihen zutiefst individuell, biografisch geprägt und situativ ist, ist der Mensch nicht nur Individuum, sondern ebenso Teil von Gemeinschaften. Wir werden hineingeboren in Familien, Kulturen, Milieus. In diesen „sozialen Systemen" sind wird gewollt und ungewollte Mitglieder. Was unsere Gemeinschaft macht, wirft ein Licht auf uns: Als Teil der Familie Müller, als Deutscher oder als Angestellter der Firma XY. Wir sind Botschafter einer Gemeinschaft – in der Regel von unzählig vielen. Was geschieht, wenn wir als Individuum „Vertrauen verspielt" haben? Eine unbedachte Äußerung eines Musikers, eine Vorteilnahme durch einen Politiker, unverschämt hohe Bonuszahlungen für einen Manager? Gemeinschaften wissen, „was sich gehört" und sanktionieren Verstöße gegen die ungeschriebenen Regeln. Der öffentliche Skandal ist die kollektive Enttäuschung der Gemeinschaften. Aber auch hier gilt: Gemeinschaften können verzeihen. Gibt uns unsere Gemeinschaft „eine zweite Chance"? Wer vergibt konkret?

In diesem Buch geht es darum zu ergründen, was Verzeihen als menschliche Gabe ist. Welche psychologischen und soziologischen Voraussetzungen nicht nur rational verstanden, sondern auch individuell emotionalisiert werden müssen, damit der Prozess des Verzeihens einsetzen kann. Als individuelle Handlung, aber vor allem auch in Hinblick von Gemeinschaft und Individuum. Was heißt Verzeihen und welches Grundverständnis ist in Hinblick auf eine „rätselhaft" anmutende menschliche Handlung möglich? Warum verzeihen wir – oder auch nicht? Warum ist das Verzeihen für das Funktionieren und die Absicherung von Gemeinschaften so wichtig?

Gemeinschaften sind soziale Lebewesen. Sie wollen sich über sich selbst vergewissern, um zu bestehen und zu wachsen. Das gelingt ihnen, indem sie sich über sich selbst bewusst werden. Nichts hilft dabei so sehr, wie der Regelbruch. Offensichtlich ist dies eine zutiefst menschliche Bedingung. Dagegen kann man nichts machen. Aber es ist überaus spannend, sich damit einen Augenblick lang zu beschäftigen.

1.1 Prolog

In einem Zeitalter des allumfassenden rationalen Anspruches, der Zahlen, Statistiken, Extrapolationen, Szenarien, Roadmaps und Risikominimierungen besteht die Gefahr, dass Phänomene, die sich einer statistischen, neurologischen oder empirischen Betrachtung entziehen, als pseudowissenschaftlicher Humbug kategorisiert werden. Meist erklären diese rein messbaren

Beobachtungen, obwohl verbreitet, wenig. Denn es wird auf, aber nicht in etwas gedacht.

Die Wissenschaften unserer Tage versuchen, nahezu sämtliche Phänomene auf numerische Erklärungsparameter zurückzuführen. Ein umfassender Quantifizierungsrausch, der keine Grenzen kennt. Es werden Biologie, Chemie und Algorithmen integriert, um Handlungen und Emotionen zu durchdringen und zu erklären. In den meisten Fällen wirkt vieles plausibel und nachvollziehbar: Ausgestattet mit Zahlenreihen, Kennziffern, Einstellungs- und Emotionalpanels sowie Tracking-Instrumenten kann die Wissenschaft innerhalb der „Academic-Community" und manchmal sogar einer umfassenden Öffentlichkeit kennziffernbasierte Ergebnisse vor- und rückführbar präsentieren. Besonders ausgeprägt findet sich der Rückgriff auf Indizes in der tagesgeschäftlichen Ökonomie wieder. So beschrieb der Ökonom und Gestaltsoziologe Timm Homann bereits vor Jahren: „Kennzahlen scheinen zwar aus analytisch-nüchternen Beweggründen zu entstehen, doch jeder kennt die professionelle Atmosphäre, die einen Tagungsraum erfüllt, wenn in unannahmlicher Selbstverständlichkeit mit Zahlen und deren Kombinationen jongliert wird. Führungskräfte, deren Argumentation auf dieser Jonglierkunst beruht, setzen sich immer durch. Manager, die über die vermeintlich softeren Parameter der ‚lächelnden Gesichter', des ‚kontinuierlichen Qualitätsniveaus' und der ‚stilistischen Warenpräsentation' argumentieren, also die Unternehmensstilistik in ihrer Komplexität in den Vordergrund stellen, gelten oftmals als unvorbereitet und unterliegen im Entscheidungsfindungsprozess […]" (Homann 2000, S. 322–323).

Der Makrosoziologe Steffen Mau beschreibt in seinen Überlegungen zur Quantifizierung sozialpsychologischer und soziologischer Phänomene die gedanklichen Auswirkungen: „Zahlen bieten eine – oftmals sehr überzeugende -Antwort auf unsere Bedürfnisse nach Objektivierung, Sachbezogenheit und Rationalisierung. Zwar abstrahieren Zahlen von konkreten sozialen Kontexten, sie sind aber nicht nur Mathematik. Hinter ihnen stehen Wertzuweisungsprozesse, die den Zahlen erst eine Bedeutung oder einen ‚Wert' zukommen lassen. Quantifizierungen lassen sich daher als manifeste Formen der Zuschreibung von Wertigkeit ansehen, weswegen nicht nur der Umstand interessant ist, dass quantifiziert wird, sondern auch, wie und durch wen" (Mau 2017, S. 29). In seinen weiteren Überlegungen weist Mau darauf hin, dass der Quantifizierungswille in einem direkten Bezug zur Ökonomisierung sämtlicher Lebensbereiche steht. Denn die Fokussierung auf numerische Parameter bei komplexen Dynamiken und Leistungen schafft Vergleichbarkeit, die die einzelnen Akteure in einen steuerbaren Wettbewerb um begrenzte Ressourcen führen. Dies ist umso wichtiger, da eine immer unüberschaubare Umwelt verlangt, dass die Aufmerksamkeit des einzelnen auf Quellen zurückgreifen kann, die Informationen vereinfacht und zusammenfasst. In einer Welt der Zahl geht es nicht mehr um den einzelnen Menschen mit individuellen Hintergründen und Voraussetzungen, sondern um Einheiten, die mit bestimmten (besseren oder schlechteren) Datenparametern hinterlegt sind, um Vergleichbarkeiten zu schaffen.

Der immerwährende Vergleich ist ein generelles Eigenschaftsmerkmal des Menschen. Die Sicherstellung und Schaffung eines „positiven Selbstbildes" gehört zu den kräftigsten psychologischen Impulsen. Als „Unterschiedswesen" (Georg Simmel) wollen wir uns mit anderen vergleichen, um unsere Position in der Welt zu bestimmen und gegebenenfalls zu verbessern – mit allen guten und schlechten Auswirkungen auf das soziale Miteinander.

Quantifizierungen garantieren einen systematisierten Zugriff und bieten Indikatoren auf ansonsten komplexe soziale Phänomene. Das Denken in Zahlen als übergreifende Blaupause scheint eine bedingende Voraussetzung zu sein, um nicht Gefahr zu laufen, in Kategorien der ausrangierten Metaphysik zu argumentieren. Die Begrenzung der Argumentation auf kognitive Verarbeitungsprozesse von sozialen Phänomenen auf Basis gelernter Instrumente und Methoden ist zwar Status quo über die Wissenschaft hinaus, aber mindestens kritikwürdig.

Der Glaube an eine übergreifende Erklär- und Planbarkeit aller Phänomene ist zu einem Grundsatz der beschleunigten Moderne geworden. Sie offenbart den Wunsch nach fixen Parametern in einer Zeit ohne fundamentalen Halt und Bindung. Es herrscht eine Paritätspsychose, die versucht, alles und jeden auf homogene zahlenbasierte Indikatoren zu reduzieren. Die Gründe vermutet Steffen Mau im ökonomisch bedingten Zeitgeist: „Quantifizierungen institutionalisieren bestimmte ‚Wertigkeitsordnungen', die uns Beurteilungsmaßstäbe und Rechtfertigungen darüber an die Hand geben, wie Dinge zu sehen und zu bewerten sind" (Mau 2017, S. 24). Der Preis dafür ist die Konzentration auf ein eindimensionales, zahlenbasiertes Weltbild. Dabei wird allerdings die wesentliche „Mechanik" sozialer Organisationen kaum beachtet.

In seinem Buch „Inseln im Chaos" wies der Physiker Mitchell Waldrop in Bezug auf die Erforschung komplexer Systeme darauf hin, dass im Gegensatz zu den Naturwissenschaften, soziale Organisationen nicht-linear sind: „In der Physik hat ein Elementarteilchen keine Vergangenheit, keine Erfahrung, keine Ziele, keine Zukunftserwartungen. Es *ist* einfach. Deshalb können Physiker so frei über ‚allgemeine Gesetze' sprechen: Ihre Teilchen reagieren mit blindem Gehorsam auf Kräfte. In der Wirtschaft hingegen ‚müssen unsere Teilchen vorausdenken und versuchen herauszufinden, wie andere Teilchen reagieren könnten, wen sie sich in bestimmter Weise verhalten'" (Waldrop 1993, S. 175). Neben dieser Unvorhersagbarkeit macht allein der Gedanke an die Chaostheorie in nicht-linearen Systemen klar, wie selbst kleine Ereignisse immense Auswirkungen auf ein Gesamtgefüge haben können.

Durchgesetzten, klassischen Ansprüchen ist oft gemeinsam, ein Phänomen an ihrer Oberfläche, ihre zähl- und messbaren Ausprägungen zu begreifen, fassbar zu machen. Jeder Mensch hat sich schon einmal verliebt (zumindest ist dies zu erwarten). Liebe bedeutet für Menschen etwas zutiefst Unterschiedliches. Aber selbst die Liebe ist vor Quantifizierung nicht sicher: So ist Liebe, frei nach dem Systemtheoretiker Niklas Luhmann, ein Quotient der Kommunikationshäufigkeit zwischen zwei Menschen, die am Beginn des Kennenlernens häufiger stattfindet, als nach 10 Jahren Ehe und nach 20 Jahren in der Regel kaum noch Aktivitäten aufweist. Dieser Zugang ist oberflächlich betrachtet plausibel, nachvollziehbar und in seiner eigenbewegten Logik richtig. Dieser Ansatz ist Grundlage der Moderne und ein mehrheitsfähiges, wissenschaftlich orientiertes Weltbild.

Die Vorgänge des Zählens, Messens, Strukturierens, Systematisierens haben Fortschritt ermöglicht und diffusen Glauben und willkürliche Wahrheiten ersetzt. Die unaufhaltsame Technisierung und vor allem Digitalisierung sämtlicher Lebensbereiche hat es überhaupt möglich gemacht, dass selbst die persönlichsten Bereiche – vom Emotionsscanner über das Fitness-Tracking bis hin zum Einschalten der Kaffeemaschine, des Lichts und der adäquaten Musik innerhalb des vollautomatisierten „Smart-Home" – heute datenbasiert ablaufen. Reservate der Digitalisierungsfreiheit werden immer weniger und wahrscheinlich in absehbarer Zukunft vollends verschwinden, wie Dave Eggers in seinem Roman „Der Circle" dystopisch beschreibt: „Und dann hat er noch dazu ganz allein da gehaust, in irgendeiner Hütte. Kein Wunder, dass er da Depressionen bekommt und sich in einen wahnhaft paranoiden Zustand hineinsteigert. [...] Menschen wollten helfen. Sie haben versucht zu helfen. [...] Wenn du die Menschheit zurückweist, wenn Du all die Hilfsmittel zurückweist, die für dich verfügbar sind, all die Unterstützung, die für dich verfügbar ist, dann passieren schlimme Dinge. Wenn Du die Technologie zurückweist, die verhindert, dass Autos abstürzen, stürzt du ab – physisch. Wenn du die Hilfe und Liebe von Milliarden Mitfühlenden auf der Welt zurückweist, stürzt du ab – emotional" (Eggers 2014, S. 525–526).

Die rationalistisch-deskriptive Sichtweise umfasst allerdings nur eine Perspektive. Was ist Liebe an und vor allem für sich? Geben wir uns mit einer Zahl, einem Quotienten zufrieden? Hier nun beginnt das Denken und die Erkenntnissuche von innen heraus. Das „Nihil est in intellectu, quod non prius fuerit in sensibus – Nichts ist im Verstand, was nicht vorher in den Sinnen war" ist zwar richtig und beschreibt ein empirisch begründetes Weltbild, aber der Philosoph und Mathematiker Gottfried Wilhelm Leibniz erweiterte diesen Satz vor drei Jahrhunderten um den Ausruf „nisi intellectus ipse – außer dem Verstand selbst". Es gibt also stets eine Logik in den Dingen, die – ist der Erkenntnisgewinn allumfassend gewollt – ebenso eine Durchdringungsebene bilden muss.

Klar ist: Diese tiefere Ebene befördert Subjektivität, qualitative Einflussgrößen, Schätzungen, Annahmen, Interpretationsoffenheit und damit Fehler, die allerdings eben genau die Dinge des Lebens charakterisieren, zu einem großen Teil sogar ausmachen. Leben bedeutet den Umgang mit dem Ungewissen, manchmal sogar mit dem erkenntnisbedingten Abgrund. Oder wie der Germanist Jürgen Wertheimer formuliert: „Wer mit den Mitteln flachen positivistischen Denkens darangeht, Eindeutigkeit herzustellen, greift nicht nur zu kurz, sondern eliminiert jedes Denken in Möglichkeiten" (Wertheimer 2020, S. 59).

Vor diesem Hintergrund ist es zwar möglich, Liebe auf Quantifizierungen herunterbrechen zu wollen, es widerspricht aber dem (zum Scheitern verurteilten) Versuch der Isolierung eines komplexen Gesamtbildes. So beschreibt Peter Sloterdijk die Liebe vor dem Hintergrund seines Erkenntnisinteresses mit einem diametral gegenüberstehenden Erklärungsansatz: „Die Bindekräfte, welche zwischen Liebenden wirken, gehen nach Platon auf ein Heimweh nach der runden Totalität zurück, deren Spuren auf die Vorgeschichte des großen Paares verweisen. Wie alle mythischen Ganzheiten ist auch der runde autarke Urmensch dem dramaturgischen Dreiakt von Unvollkommenheit, Trennungskatastrophe und Wiederherstellung unterworfen" (Sloterdijk 1998, S. 213). Hier geht es nicht um quantifizierbare Kontakte, sondern um ein Verständnis der Aktionsenergien und Dynamiken. Erst die Berücksichtigung beider Aspekte ermöglicht eine systemische Verdeutlichung.

Liebe ist nicht monokausal erklärbar, entzieht sich der Rationalität und eindeutigen Vorhersage. Eine Innenperspektive vorausgesetzt, wirken zahlreiche unterschiedliche Aspekte unzähliger Akteure und Ebenen aufeinander, Überwölbungen, Durchdringungen und Anpassungen mit der Folge, dass nie mit absoluter Sicherheit ein bestimmtes Verhalten vorausgesagt werden kann. Was aber möglich bleibt, ist die Voraussage bestimmter Wahrscheinlichkeiten in Hinblick auf einen Sachverhalt, eine Konstellation, eine Aktivität. Es kann erklärt werden, warum Menschen in bestimmter Weise handeln, was sie eigenaktiv bewegt und agieren lässt.

Es geht in den nachfolgenden Gedanken also um den Versuch einer wissenschaftlich-fundierten Betrachtungsweise der Innensicht. Der Suche nach dem „großen Ganzen", die der norwegische Romanautor Karl Ove Knausgard in seinem sechsten Band unter dem Titel „Kämpfen" schriftstellerisch prägnant formuliert: „Alle Gedanken über das Große und alle Gedanken über das Authentische haben wir eliminiert. Wir leben in einem Meer aus Dingen und verbringen einen großen Teil unserer wachen Zeit vor Bildschirmen. […] Die Sehnsucht nach Wirklichkeit, die Sehnsucht nach Authentizität sind nichts anderes als ein Ausdruck für eine Sehnsucht nach Sinn, und Sinn erwächst aus Zusammenhängen, daraus wie wir miteinander und mit unserem Umfeld verbunden sind" (Knausgard 2018, S. 687–688).

Was könnte uns bei der Suche helfen? Eine alte Sichtweise: Die Analyse der Innensicht lässt sich unter dem Begriff „Gestalt" wirksam zusammenführen. Spätestens nach dem 2. Weltkrieg spielte die Vorstellung einer „Gestalt" kaum noch eine Rolle in der sozialwissenschaftlichen Untersuchung von Sachverhalten. Der Gestaltsoziologe Alexander Deichsel weist darauf hin, dass die „Gestalt" als Betrachtungsgröße und nicht austauschbare Einheit kultureller Systeme durch Autoren wie Alfred Vierkandt, Wolfgang Köhler und Walther Schering im deutschsprachigen Raum intensiv bearbeitet wurde (vgl. Deichsel 1997, S. 389). Schering selbst definierte den Gestaltansatz in Bezug auf Gruppen wie folgt: „Die soziale Gruppe ist eine Gestalt, d. h. ein Ganzes, bei dem das, was am Teil geschieht, sich nach inneren Gesetzen dieses Ganzen bestimmt; die soziale Gruppe bildet demnach die fundierende Einheit im sozialen Geschehen" (zit. nach Deichsel 1997, S. 409).

Auch wenn wir uns wehren, so sind wir nicht frei von einem „Weltbild der Zahl" – es bedingt unsere Suche nach Erkenntnis. All dies sind jedoch gedankliche Kleinigkeiten angesichts der Möglichkeiten, die eine Betrachtung von innen heraus ermöglicht. Falls dieser Anspruch nicht immer gelingt, so mag die Leserschaft auch dem Autor verzeihen. Wie heißt es: Viele haben recht, aber nur wenige wahr. Und wenn weniges Wahres sich hier abbildete, dann wäre es doch bereits eine große Menge.

1.2 Kein Verzeihen ohne Freiheit

Das Thema dieses schmalen Buches, das kollektive Verzeihen als Gedanke und Handlung menschlicher Kommunikation, steht in seiner Rätselhaftigkeit der Liebe in nichts nach. Warum verzeihen wir einigen Menschen und anderen nicht? Warum können wir nicht sofort verzeihen? Warum verzeihen sich Menschen seit jeher – oder lehnen eben gerade den Akt des Verzeihens ab? Verzeihen wir einzelnen Menschen im persönlichen Umfeld leichter oder schwerer als einer Gruppe von Menschen? Und vor allem: Warum gibt es das kollektive Verzeihen überall und seit jeher?

Ein Blick zurück: Georg Simmel, einer der Gründerväter der deutschen Sozialwissenschaft, beschrieb das Verzeihen als eine menschliche Eigenschaft, die nicht „recht begreifbar" wäre. Er sollte auch über 100 Jahre später Recht behalten. In den vergangenen Jahren haben sich vor allem Psychologen, Soziologen, Philosophen und Theologen mit eben dieser Unbegreifbarkeit auseinandergesetzt und versucht, die individuellen Triebkräfte zu verstehen. Die Vielfalt der Arbeitsfelder und Standpunkte hat nicht nur diverse unverbundene Ansichten geschaffen, sondern auch kleinteilige Urteile erzeugt, die das Verzeihen vor allem in seinen regulativen Auswirkungen betrachten und nicht auf die scheinbar diffuse Ursachenebene abheben, sich auf das strukturelle Innen der Vorgänge beziehen.

Umso mehr geht es darum, dieses große Fühlen und Handeln in seiner Tiefenstruktur zu verstehen und mit aktuellen Überlegungen zu verknüpfen. Es gilt also, das Aufeinanderzugehen von Gruppen gegenüber Einzelnen zu erforschen – gerade dann, wenn ein Mensch in kollektive Ungnade gefallen ist.

In einer hyperkomplexen Welt, in der jeden Tag bestimmte Handlungs- und Leistungserwartungen entscheidend sind, um das reibungslose Funktionieren zu ermöglichen, bedarf es Mechanismen, die die Anschlussfähigkeit der Handlungen auch bei Konflikten wiederherstellen können. Was ist „der letzte Grund" (Ernst Jünger), um Fragmente und Splitter des großen Mosaiks zu begreifen, das die menschliche Interaktion umgreift und trägt. Als Individuen sind wir gleichzeitig Akteure innerhalb von Gruppen, in die wir ohne Nachzudenken eingebunden sind: Als Deutscher, Europäer, Berliner, Hamburger, Fußballfan, Arbeitnehmer, Vater oder Mutter, Kleingartenenthusiast, Katholik oder Atheist. Die Kulturfähigkeit des Menschen ist unerschöpflich – selbst die globale Vereinheitlichung durch Informationstechnologie, Welthandel und grenzenlose Fabrikations- und Transporttechnik mag den Bezug auf bestehende kulturelle Muster nicht grundsätzlich reduzieren. Diese Gruppen oder sozialen Systeme strukturieren unser Leben und prägen und bedingen unser Denken und Fühlen.

Der Philosoph Peter Sloterdijk weist auf den zeitgenössischen Grundkonflikt zwischen Ich und Wir hin und betrachtet die Vorstellung eines entgrenzten Ichs kritisch: „Wo solche Individualismen auftauchen, dort läßt sich mit hoher psychologischer Evidenz auf eine freiheitsneurotische Grundstellung schließen; für die ist es charakteristisch, daß ein Subjekt sich nicht als enthaltenes, begrenztes, umgriffenes und besetztes denken kann. Es ist die Basisneurose der okzidentalen Kultur, von einem Subjekt träumen zu müssen, das alles beobachtet, benennt, besitzt, ohne sich von etwas enthalten, ernennen, besitzen zu lassen [...]" (Sloterdijk 1998, S. 85). An anderer Stelle äußert sich Sloterdijk noch vehementer in Hinblick auf die Selbstwahrnehmung spätmoderner Gesellschaften: „Sie erklären sich selbst zu Fällen einer statistischen Durchschnittlichkeit, die sich individualistisch auftakelt" (Sloterdijk 2005, S. 138).

In seinen Überlegungen zur Spätmoderne diagnostiziert der Soziologe Andreas Reckwitz inhaltlich anknüpfend, dass ein Strukturwandel stattfände, der an die Stelle einer Standardisierung die „Logik des Besonderen" sämtlicher Lebensbereiche setze (vgl. Reckwitz 2017, S. 11). Dieses Besondere umfasse die Suche nach dem Einzigartigen, Authentischen und Außerordentlichen. Reckwitz bezeichnet dies als „Singularisierung". Seit den 1970er und 1980er Jahren entwickle sich eine Dynamik, die die Realisierung dieses Anspruches auf allen Ebenen des Sozialen beinhalte: „Singularisiert werden gewiss auch, aber keineswegs nur menschliche Subjekte, weshalb der klassische, für Menschen reservierte Begriff der Individualität nicht mehr passt. Die Singularisierung umfasst eben auch und in ganz besonderem Maße die Fabrikation und Aneignung von Dingen und Objekten. Sie betrifft die Gestaltung und Wahrnehmung von Räumlichkeiten ebenso wie die von Zeitlichkeiten und nicht zuletzt von Kollektiven" (Reckwitz 2017, S. 12).

Authentizität und Besonderheit auf der einen und Standardisierung und Kollektivität auf der anderen Seite – wird hier nicht ein Widerspruch erkennbar? Die Lösung der Moderne ist zutiefst schöpferisch: Die Prozesse des Besonderen sind in sich hoch standardisiert („maschinelle

Standardisierung"), sie sind sozial erwünscht, verankert und bilden das Koordinatensystem in dem das individuelle Verhalten seine Normen und Fixpunkte erhält und als „zweite Natur" verinnerlicht („Infrastrukturen des Besonderen" Reckwitz 2017, S. 73). Die Gruppenhaftigkeit sozialer Prozesse löst sich auch in der Spätmoderne nicht auf, sie verkörpert sich in einer anderen Variante. Entscheidend bleibt die Vorstellung, dass der Mensch auch weiterhin in den Konventionen und übergreifenden Kulturtechniken denkt, agiert: lebt.

Das Kollektivwesen Mensch hat sich also nicht verändert, sondern allenfalls sind die Ausprägungen und Personalisierungen feiner und detailreicher geworden. Jeder Mensch will an der Welt nicht nur teilnehmen, sondern auch teilhaben: Er macht sich die Dinge dieser Welt zu Eigen. Menschen suchen die Nähe zum eigentlich Entfernten, die Verbindung zu Epochen und Ereignissen, die längst vergangen sind oder in weiter Zukunft liegen – Gleichzeitigkeit in der Ungleichzeitigkeit. Nicht jeder Ort weckt für alle Menschen die identischen Begehrlichkeiten, aber nur die Dinge, die in irgendeinem Detail besonders sind, haben das Potenzial, unsere Vorstellungswelt zu besetzen und damit Teil unserer eigenen Geschichte, unserer Persönlichkeit zu werden. Dabei ist das Besondere immer konkret: Es besteht aus Gebäuden, Menschen, Tieren, Landschaften oder einem Stil. Auch Dinge können Heimat sein. Voraussetzung: Ihr Botschaftscharakter ist einheitlich, gleichgerichtet, inhaltlich geteilt, damit er überhaupt verstanden wird und seine Orientierungsfunktion erfüllt.

Was für die Welt der Dinge und Dienstleistungen gilt, lässt sich ebenfalls auf die Formen sozialer Konventionen und Handlungen übertragen. Auch wenn sich die modernen Sozialitäten in immer kleinere Milieus mit ihrer jeweiligen Handlungskultur aufspalten, so bleiben die

1 Was heißt kollektives Verzeihen?

fundamentalen Techniken sozialer Interaktion bestehen. Masse gibt es heutzutage weiterhin in einem unendlichen Plural – egal ob es um ein personalisiertes Müsli, das individuelle Kinderbilderbuch, die Urlaubsreise oder das frei abrufbare Netflix-Programm handelt. Selbst das „kollektive Verzeihen" unterliegt sozialen Konventionen und Dramaturgien, d. h. die Art wie Gruppen moralische Überschreitungen ahnden und sanktionieren – selbstähnlich dem Zeitgeist angepasst und unabhängig von rechtlichen Verstößen.

Die entscheidende Frage stellt sich: Können Gruppen einzelnen verzeihen, obwohl deren Sittenhaftigkeit infrage gestellt, ignoriert oder willentlich übertreten wurde? Dabei handelt es sich nicht um einen klar umrissenen Beschluss im Sinne eines Urteils, sondern vor allem um die Frage einer organischen Wiederintegration als Teil einer Gemeinschaft. Gibt es kollektives Verzeihen? Ist die Vorstellung eines kollektiven Verzeihens überhaupt real oder handelt es sich um ein theoretisches Luftschloss, weil die unauflösbare Bedingung des Verzeihens eben ein zutiefst persönliches Verzeihen zwischen zwei oder sehr wenigen Menschen ist – Hannah Ahrendt schrieb in ihren Überlegungen vom Verzeihen als politische Kategorie zunächst von einem zwischenmenschlichen Prozess. Ist dieser Widerspruch auflösbar durch die sozialwissenschaftliche Vorstellung von Quasi-Personen, Hyperorganismen (Ferdinand Tönnies), die als soziale Tatbestände (Max Weber) wirksam sind?

Noch finden sich außer in den Theorien der politischen Konfliktbewältigung nach Kriegs- oder Bürgerkriegsverbrechen kaum Überlegungen einer Theorie des kollektiven Verzeihens aus der Innenperspektive. Die vermeintlich kleinen Auslöser für kollektives Verzeihen, der Fußballspieler, der seine Fans enttäuscht, der Politiker, der sich unverdiente Meriten anhängt oder unangemessene

Aufmerksamkeiten annimmt, der Musiker, der lustlos seine Konzerte abliefert, der Dozent, der eine burschikose Bemerkung im Hörsaal macht, der Fernsehmoderator, der seine Gäste nicht respektvoll befragt … alles Übertretungen, kleine oder etwas größere öffentliche Aufregungen, die juristisch bewertet nicht ins Gewicht fallen, oder gar nicht oder nur marginal strafwirksam sind, aber uns und die veröffentlichte Meinung überaus interessiert, die wir manchmal schmerzhaft oder auch nur amüsiert zur Kenntnis nehmen. Für den „Beschuldigten" einer diffusen, nicht fassbaren, aber ungemein wirksamen Instanz, der Öffentlichen Meinung, haben diese eben nur gefühlten Übertretungen schwerwiegende Konsequenzen: Rückzug aus dem Amt, Abtreten von der öffentlichen Bühne, Erosion der Anhängerschaft oder ein mediales Trommelfeuer aus Missbilligung und damit die soziale Ächtung: Das Verlieren, der Verstoß, der (gedachte) Ausstoß aus der Gemeinschaft. Für immer? Meist nur für kurze Zeit. Was geschieht, wenn ein „Gefallener" wieder in die Öffentlichkeit strebt? Wie wird ihm verziehen, folgen die strukturellen „**Ent**-schuldungshürden" spezifischen Mustern?

Die nachfolgenden Seiten geben einen Blick auf dieses „rätselhafte" Gefühl und seine generellen Ausprägungen. Dabei ist es sinnvoll, sich zunächst anzuschauen, was „Verzeihen" als Aktion beinhaltet, aber vor allem auch, was „Verzeihen" für Gruppen oder – etwas sozialpsychologischer formuliert – für soziale Bündnissysteme bedeutet. Daher sind Begriffe wie Gruppe, Bündnis, Gemeinschaft und Öffentliche Meinung Schlüssel um kollektives Verzeihen besser zu verstehen.

Vor allem die Vorstellung einer „Öffentlichen Meinung" scheint als Erklärungsansatz für die Dynamiken des kollektiven Verzeihens sinnvoll und fruchtbar: Der Ahnherr der deutschen Sozialwissenschaft Ferdinand

1 Was heißt kollektives Verzeihen?

Tönnies hat vor mehr als 100 Jahren dieses „Subjekt der Meinungen" als Strukturgeber mit klarer Ge- und Verbotsstruktur und sich selbst beobachtbare Akteure bezeichnet, die für sich eine Öffentliche Meinung formulieren und einfordern. In seinem Buch „Kritik der Öffentlichen Meinung" definiert er: „[...] für die Öffentliche Meinung ist das Subjekt eine wesentlich, insbesondere politisch, verbundene Gesamtheit, die darüber einig geworden ist, so zu meinen und zu urteilen, und die eben dadurch wie von selber der Öffentlichkeit, dem öffentlichen Leben angehört. Damit berührt sich nahe ein starker Unterschied in der Bedeutung des Meinens selber. Dort hat es überwiegend einen Gedankensinn (intellektualistischen), hier überwiegend einen Willenssinn (voluntaristischen)" (Tönnies 2002, S. 159).

Die Integration der Gedanken Tönnies in die Analyse des „Verzeihens" könnte ein wertvoller Schlüssel sein, um dieses unbegreifliche Gefühl ein wenig klarer zu verstehen. Das ist schwierig, denn die soziale Willensform einer wie auch immer geprägten Öffentlichen Meinung ist zunächst eine gedachte Versammlung. Sie entzieht sich einer klaren empirischen Messbarkeit. Ferdinand Tönnies drückte dies in folgenden Worten aus: „Hier aber ist die Öffentliche Meinung wesentlich ein Wille, Wille im Urteil und durch das Urteil – das Urteil aber ist ein einheitlicher Akt –; mithin eine bewußte und ausgesprochene Willensform, nach Art des Beschlusses, den ein Gerichtshof oder sonst eine 'beschlußfähige' Versammlung 'faßt', worauf sie sich einigt – Ausdruck des Willens einer Gesamtheit, die aber als Publikum oder Subjekt der Öffentlichen Meinung nicht versammelt ist, außer im Geiste – in der Regel viel zu groß, um als Versammlung vorgestellt werden zu können" (Tönnies 2002, S. 159).

Das Verzeihen rückt das Wertesystem einer Gruppe in einen Beurteilungs- und Bewertungszusammenhang. Seine

Ambivalenz liegt auf der Hand: Zum einen vergewissert sich eine Gemeinschaft bekannter und gebilligter Sitten, Vorgehensweisen und ungeschriebenen Regeln, zum anderen macht die Übertretung aber auch strukturelle Brüche und Schwierigkeiten in der Realisierung eben dieser Vorgaben deutlich – der Konsens ist in Gefahr und die Sanktion hat die Aufgabe, diese zu ahnden und zu bestrafen, um über den Einzelfall hinaus eine Selbstvergewisserung der Gruppe zu forcieren. Anders gewendet: Jeder Regelverstoß schwächt und stärkt ein Gesamtsystem zu gleich. Schwächt, weil Brüche und Widersprüche erkennbar werden – bis hin zum Abbruch und zur zeitgemäßen Anpassung eben dieser Regelungen. Stärkt, weil im Idealfall eben dieser Regelbruch die Regeln übergreifend verdeutlicht und revitalisiert. Denn aus persönlichen Verfehlungen oder Übertretungen entwickeln sich vor dem Hintergrund des „Sozialwesens Mensch" unmittelbar Auswirkungen auf das jeweilige Gemeinwesen.

Das kollektive Verzeihen ist also eine der entscheidenden Mechanismen in komplexen Organisationen, die das soziale Aktionsgefüge sicherstellt. Das gelernte Recht tritt zugunsten eines sozialen Aktes des Verzichts zurück (meist auch mangels strafbedingender Evidenzen). Ein rechtskräftiges Urteil wird nicht erwartet, darf vielleicht gar nicht ausgesprochen werden, um eine schnelle Anknüpfungsmöglichkeit zu ermöglichen. Auch unterscheidet das juristische Urteil und die Verbüßung einer Strafe sich fundamental vom persönlichen Verzeihen: Ein juristisches Schuldurteil fragt nicht nach einem persönlichen Schuldeingeständnis. Die Strafe ist irgendwann formal erledigt. Das Verzeihen dagegen setzt Ein- und Weitsicht voraus. Anders gedacht: Verzeihen bedeutet Zukunft.

Literatur

Deichsel A (1997) Marke als Gestaltsystem. In: Brandmeyer K, Deichsel A (Hrsg) Jahrbuch Markentechnik 1997/98. Deutscher Fachverlag, Frankfurt a. M

Eggers D (2014) Der Circle. Kiepenheuer & Witsch, Köln

Homann T (2000) Die Marke als Instanz der strategischen Unternehmensführung. Dissertation, Universität Hamburg

Knausgard KO (2018) Kämpfen. btb, München

Mau S (2017) Das metrische Wir. Über Quantifizierung des Sozialen. Suhrkamp, Berlin

Reckwitz A (2017) Die Gesellschaft der Singularitäten. Suhrkamp, Berlin

Sloterdijk P (1998) Blasen. Suhrkamp, Frankfurt a. M.

Sloterdijk P (2005) Im Weltinnenraum des Kapitals. Suhrkamp, Frankfurt a. M.

Waldrop MM (1993) Inseln im Chaos. Die Erforschung komplexer Systeme. Rowohlt, Reinbek

Wertheimer J (2020) Europa. Geschichte seiner Kulturen. Pinguin, München

Tönnies F (2002) Kritik der öffentlichen Meinung. Walter de Gruyter, Berlin

2

Über Gefallen und Autonomie

Inhaltsverzeichnis

2.1 Der Ausgangspunkt: Die Freiheit des Fehlers 22
2.2 Die Freiheit schafft Ausschluss 24
2.3 Das „Sozialwesen" Mensch 26
2.4 Soziale Lebewesen: Existent, aber nicht greifbar 32
2.5 Das Gefallensurteil als soziale Kategorie 36
2.6 Das Leben im Chaos 38
Literatur 41

Was sind die Voraussetzungen dafür, dass es Verzeihen geben muss? Verzeihen wird erst dann nötig, wenn das Verhalten eines Menschen Resonanz erzeugt, also von einem Gegenüber wahrgenommen wird – als förderlich, hinderlich, vielleicht sogar als destruktiv. Die Perspektive über die Auswirkungen ist jedoch zutiefst subjektiv. Und doch scheint es über die Wahrnehmung eines einzelnen Menschen Instanzen oder „Ideenlebewesen" zu geben, die über kulturelle Gepflogenheiten hinaus das individuelle Handeln einordnen und Ge- und Verbote bestimmen. Zwischen Freiheit, Disziplin und Sanktionierung testen wir unsere Rolle als Individuum und soziales Wesen.

2.1 Der Ausgangspunkt: Die Freiheit des Fehlers

Die Welt ist voll.

Voll von Möglichkeiten, Wegen und Optionen. Die Welt ist voll von Überlegungen, Abwägungen und Entscheidungen. Die Welt ist ein Ort unbeschränkter Ideen, Entwürfe und Pläne. Und gleichzeitig: Ein nicht gedachter Gedanke, ein nicht „durchgespieltes Szenario" und schon könnte die eine, die entscheidende Lebenschance verwirkt sein. Entscheide ich mich für diese eine Frau, diesen einen Mann als Lebenspartner, dann entscheide ich mich gleichzeitig gegen 4 Mrd. andere. Entscheide ich mich für diesen Beruf, diese Arbeitsstelle, diesen Urlaubsort, dieses Haus, diesen Arzt, dieses Produkt? Wahl ist Freiheit – und Unsicherheit. Omnis determinatio est negatio – Jede Bestimmung heißt Ausschluss, schreibt der Philosoph und Mathematiker Gottfried Wilhelm Leibniz mit Beginn der Aufklärung und verdeutlicht das Dilemma der Freiheit.

Heute ist die Welt ist noch ungewisser, noch neuer und noch entgrenzter. Die Postbank nimmt diesen Gedanken auf und wirbt unter dem Slogan: „Unterm Strich zähl ich". Der Himmel wurde auf die Erde heruntergeholt. Der Preis dafür ist, dass es nur eine Chance auf das Paradies gibt. Nach dem Leben ist vorbei.

Die innige Jagd nach Grenzerweiterung und Innovation scheint allumfassend: Bedeutsam ist, was neu ist … und das Neue wird täglich mehr und in seiner Neuerung immer noch fieberhafter. Die Beschleunigung macht unscharf, fast unkenntlich. Alles rast: Informationen, Wissen, Paradigmen, Identitäten, Orientierungen, Gewohnheiten, alles unterliegt der Relevanzprüfung im Jetzt, wird verworfen, neu gedacht. Geschichte, einst die Königsdisziplin der Sozialwissenschaften, verkommt zu einem Nebenfach. Institutionen, verankerte Strukturen, Wertorientierungen und historische Zusammenhänge werden angegriffen und verschwinden. Vergehen. Bestehen nur noch auf Zeit.

Wer weiß noch, was gestern die Aufmachernachricht der Tagesschau war? Wer erinnert sich an die gesellschaftlichen Themen im Jahr 2016? Was habe ich zu meinem 35. Geburtstag unternommen? Unser Zeitalter kennzeichnet eine umfassende Rast- und Ruhelosigkeit auf allen Ebenen (vgl. Crary 2014, S. 16). Der Soziologe Hartmut Rosa macht in seinen Ausführungen zur Beschleunigung klar, dass ein entscheidender Imperativ der Moderne vor dem Hintergrund ihrer kapitalistischen Ethik sei, Zeitressourcen so intensiv wie möglich zu nutzen und damit zu verwerten. Diese „Grunderfahrung der Moderne" präge ein umfassendes Aktionsbedürfnis und damit die Angst, ständig etwas zu verpassen, sodass das „gute Leben" an einem vorbeizieht (vgl. Rosa 2005). Ein Ausweg: Das Leben, das möglichst alles integriert – jetzt und schnell. Carpe diem! Der Blick auf das Display des Smartphones, selbst bei einem Tete-a-Tete im Restaurant, verdeutlicht unser unbewusstes Suchen nach möglichen sozialen Anknüpfungspunkten während wir – an sich – an eine analoge Konstellation (fest-)gebunden sind.

Die Welt ist voll.

Die Unendlichkeit der Optionen, geebnet durch das Ideal des haltlosen 21. Jahrhunderts: Freiheit. Freiheit ist gedachte Möglichkeit. Erkämpft in globalen emanzipatorischen Konflikten und Prozessen, in der Bewusstwerdung und Autonomie des Ichs, oft angestrebt und nicht realisiert, misst sich ein gelungenes Leben – vor einer westlichen Perspektive – am Grad individueller Souveränität. Oberflächlich betrachtet scheint der Mensch noch nie so frei im Tun, aber vor allem im Denken. Vermeintlich entledigt der gemeinschaftlichen Fesseln – Familie, Milieu, Erziehung, selbst biologischen Dispositionen – gehen wir unseren „eigenen" Weg. „Erkenne Dich Selbst" ist mehr als 2000 Jahre *nach* seiner Formulierung nicht ohne Grund zu einem beliebten Kalenderaphorismus geworden.

2.2 Die Freiheit schafft Ausschluss

Unabhängig vom tatsächlichen Grad an Freiheit im Sinne der Varianz von Denkentwürfen und Lebensklippen, ist es gleichzeitig aber noch nie so einfach gewesen, Fehler zu machen oder Entscheidungen im Rückblick als Fehler zu empfinden. Und selbst diese Empfindung ist der Freiheit geschuldet, einer Freiheit, die eine persönliche Interpretation ermöglicht. Denn Fehler sind möglich, wenn eine Wahl besteht. Freiheit setzt unsere Fähigkeit voraus, die Wirklichkeit nicht nur anders denken zu können, sondern eigenständig zu entscheiden. Bewusst, aber auch instinktiv, indem das ästhetische Urteil uns leitet, drängt und prägt. Ein unerbittlicher Gedanke und Impuls, der das vernünftige, rationale Ich oft, allzu oft in den Hintergrund drängt und den Menschen „ganz unüberlegt" und lustvoll agieren lässt.

Doch diese Kraft der Vorstellung und Handlung ist kein stabiler Grund, sondern gleichzeitig ein endloser Abgrund. Fehler beruhen darauf, sich zwischen unterschiedlichen Möglichkeiten festlegen zu können. Einen

Pfad zu bestimmen und mitunter zu erkennen, dass es auch hätte anders verlaufen können oder aber festzustellen, dass die gewählte Entscheidung falsch war. Das ist die ratlose Anarchie unseres Alltags. Handeln und Denken als Risiko.

Und gleichzeitig zeigt uns dieses vermeintliche „falsch" jeder Entscheidung, dass es ein „richtig" geben müsste. Die Doppeldeutigkeit eines „falsch" schafft erst eine Erkenntnis, die es zu umgehen sucht. Was aber ist richtig in einer Welt der nachvollziehbar vielen Wahrheiten? Den Dogmatismus einer einzig richtigen gesellschaftlichen, politischen oder religiösen Weltanschauung überwunden, ringen wir selbst mit der Frage, was zumindest individuell absolut sein könnte – jetzt und in Zukunft. Wissentlich mit der Einsicht, dass das, was früher richtig schien, sich über die Zeit betrachtet als falsch herausstellen könnte. Eine unendlich radikale Enttäuschung aller Wirklichkeits- und Zeitebenen. Oswald Spengler wies vor gut 100 Jahren darauf hin, dass die moderne Vorstellung von Dauer eine sehr neue ist: „In antiken Städten erinnert nichts an die Dauer, an die Vorzeit, an das Bevorstehende, keine pietätvoll gepflegte Ruine, kein für noch ungeborene Geschlechter vorgedachtes Werk, kein trotz technischer Schwierigkeiten mit Bedeutung gewähltes Material. [...] Es gibt keine 'Zeit'" (Spengler 1986, S. 173). Und an anderem Orte noch deutlicher: „Alles Gewordne ist vergänglich" (Spengler 1986, S. 217). Wenn es keine Ausdehnung der bestehenden Wirklichkeiten gibt, so ist es einfacher an eine präsente Ordnung von „richtig" und „falsch" zu glauben, da sie allein im Jetzt gedacht werden muss.

Wahrheit ist – einem platonischen Verständnis nach – wenn sie den Menschen „wahrhaftig" agieren lässt und ihn dem „Guten" nahebringt, indem es sich an den Tatsachen orientiert: Den Menschen besser macht, die Triebhaftigkeit, die Affekte begrenzt – zugunsten eines einsichtigen Abwägens. Distanz zum eigenen Denken und Handeln ermöglicht. „Nicht gut" ist, wenn Menschen nicht wissen oder nicht wissen wollen, sich vorbehaltlos ihren Impulsen, Erregungen und Leidenschaften hingeben. Das Reflektieren über sich selbst hermetisch abriegeln. Dies setzt ein Aufblicken vom Display seines Smartphones voraus – vielleicht sieht man dann sich selbst im ausgeschalteten Schwarz des Mini-Bildschirmes.

Jedoch: Die Vorstellung davon was dieses „Wahre" ist, verändert sich permanent und in schnellerem Tempo. Wahres vergeht oder zerfällt, weil die sozialen Fixpunkte dieser „Wahrheiten" selbst zur Disposition stehen. Als sich fortentwickelnde, lernende, erfahrende Wesen, deren Handeln eben nicht ausschließlich triebgeleitet, sondern vornehmlich selbstgelenkt ist, bedingen wir diese Dynamik. Die Sozialität, die eben noch „richtiges" plötzlich als „falsch" brandmarkt. Wir dürfen wollen, aber all dies hat den Preis der totalen Unsicherheit. Der fast vergessene Anthropologe Arnold Gehlen schrieb: „Wollen ist das Urphänomen Mensch selbst" (Gehlen 1962, S. 394). Der Wille sei konstituierend für das Menschsein. Denn der Mensch sei, so Gehlen, „wesentlich wollend." Einen Eigenwillen gegen die Natur durchzusetzen, ist der immerwährende Impuls. Als Handelnde sind wir bewusster Teil der sich verändernden, deutbaren Möglichkeiten.

2.3 Das „Sozialwesen" Mensch

Diese Willen finden allerdings nicht isoliert statt. Der einzelne Wille, die individuelle Entscheidung trifft auf unzählig viele andere Entscheidungen von direkt oder indirekt verbundenen Menschen. Sie stehen in einem

2 Über Gefallen und Autonomie

feinen Netzwerk von Wünschen, Hoffnungen, und Bedürfnissen, die sich bedingen – manchmal bewusst, zumeist verdeckt, sogar unbemerkt von uns selbst: Unterstützend oder verhindernd. In diesem Geflecht der Wünsche kommt es zu Bündnissen und Zerwürfnissen – mit anderen oder manchmal auch zeitversetzt mit uns selbst: Das schlechte Gewissen als gedachter Gerichtshof, wie das Handeln eigentlich zu sein hätte: „Eigentlich hätte ich doch …" Es ist diese Vorstellung von „richtig" und „falsch", die weiterhin unser Handeln strukturiert und uns klarmacht, dass der Mensch in Ergänzung zu Gehlen nicht nur wesentlich wollend ist, sondern auch ein „soziales Wesen", ein „zoon politikon" ist, wie es Aristoteles vor 3000 Jahren nannte. Sigmund Freund nannte diese Leuchttürme kollektiven Denkens das „Über-Ich".

Schnell ist der Schritt vom Privaten in die Öffentlichkeit: In dem Moment, wo eine dritte Person zu einem Gespräch unter vier Augen hinzustößt, entsteht Gesellschaft, das Soziale. Das Soziale als Marktplatz, in der der Einzelne sich mit anderen zusammenfindet oder von anderen abwendet. Im Zusammenschluss mit anderen Perspektiven der Verbundenheit begründet: Gemeinsames Wollen hinsichtlich eines Ziels, einer Aufgabe oder einer Lösung. Zuvor noch vollständig voneinander unabhängige Menschen finden sich in einem Aspekt ihrer Handlungen zusammen: Als Fans eines Fußballvereins, als Deutsche oder Italiener, als Mitarbeiter eines Unternehmens, als Auto- oder Radfahrer, als Mutter oder Vater. Der Mensch wird Teil gedachter Vorverbundenheiten, Gruppen, Soziotope, die sein Handeln und Denken in Leitplanken dirigiert und seine Aktionen meist ohne bewusste willentliche Entscheidung vorbestimmen. Es entsteht das Soziale in unterschiedlicher Tiefe und Ausprägung.

Das Soziale unterliegt nach dem Begründer der deutschen Soziologie, Ferdinand Tönnies, demnach einer grundlegenden Bedingung: Es muss gewollt sein. Das bloße und ungerichtete Nebeneinander von Menschen weist noch keine soziale Qualität auf. Soziales entsteht, wenn es gemeinsam gelebt wird und durch Ideen und Ziele Menschen unterstützend in Beziehung zu anderen fügt: Soziales entsteht, wenn sich Menschen positiv, förderlich bedingen. In seinem Buch „Gemeinschaft und Gesellschaft" (1887) schreibt Tönnies deutlich: „Auf die Verhältnisse gegenseitiger Bejahung wird diese Theorie als auf die Gegenstände ihrer Untersuchung ausschließlich gerichtet sein" (Tönnies 1991, S. 3).

Der Sozioökonom und Gestaltphilosoph Alexander Deichsel beschreibt flankierend „Das Soziale" in diesem Zusammenhang wie folgt: „[…] dass sich Menschen in irgendeiner Weise bejahend unterstützen und helfen, sich also positiv aufeinander beziehen und absichtsvoll ein Verhältnis gegenseitiger Hilfe aufbauen" (Deichsel 1987, S. 95). Entscheidend ist, dass der Inhalt dieser Beziehung nicht einem normativen Verständnis unterliegt, sondern eine inhaltliche Kohärenz aufweist.

Was bedeutet dies? Ob die Ziele der Handelnden im umgangssprachlichen Verständnis „sozial", d. h. menschenfreundlich „gut" sind, ist für die Betrachtung des Sozialen unerheblich. Denn der Begriff des Sozialen ist den Inhalten gegenüber neutral: Vor diesem Hintergrund kann auch eine Gemeinschaft von Verbrechern als Gruppe überaus sozial sein, sogar wenn die Resultate ihres Handelns außerhalb dieser Gruppe zutiefst destruktiv und schädlich wären.

Egal, ob es sich um menschenfreundliche oder egoistische Ziele handelt, es entsteht ein Erwartungs- und Verpflichtungszusammenhang, der die ausschließlich individuellen Treibkräfte im Sinne der Gruppe reduziert bzw. kanalisiert. Aus den einzelnen Willen entsteht ein überpersonales Ganzes, ein spezifischer Willenskörper, der vor allem unterbewusst wirksam ist und uns beispielsweise in einer Kirche ruhig sein lässt, im Gespräch mit einem Vorgesetzten „die guten Manieren" belebt und uns eine bestimmte Garderobe zu feierlichen Anlässen auswählen lässt – in diesen Momenten handelt spezifische Kultur in uns. Tönnies beschrieb diese „Kulturen" wie folgt: „In diesem Sinne können lebende Einheiten zusammenlebender Menschen nicht nur mit Organismen verglichen werden, sondern werden mit Recht als hyper-organische Lebewesen gedacht und verstanden" (Tönnies 1981, S. 4.).

Das Charakteristische dieser Subjekte ist nicht nur Ausdehnung, sondern Präsenz in der Lebenswirklichkeit, nicht nur Bewegung, sondern Richtung und Ziel, nicht Dynamismus, sondern gestalthafte Eigendynamik. Es ist augenscheinlich, dass nicht jede Vernetzung eine gleichartige Tiefe und Verdichtung charakterisiert: Die Beziehung zwischen Mutter, Vater und Kindern hat (hoffentlich) eine andere Intensität als zum Tankwart (sofern es ihn noch gibt), dem Kassierer im Supermarkt und zum Zahnarzt – dennoch handelt es sich nach dem beschriebenen Zugriff um Hyperorgansimen, die in zwei idealtypischen Form wirksam sind: Gemeinschaften und in Gesellschaften – sie werden nachfolgend beschrieben werden.

In dem Moment in dem Menschen eine Gemeinschaft bilden, entsteht gleichzeitig ein Zustand der Abgrenzung. Die Hinwendung zum Eigenen oder Gewählten ist automatisch und vollkommen ohne böse Absichten die Abwendung von allem anderen: Wenn wir einem Menschen die Hand geben, kehren wir allen anderen den Rücken zu – aus Gesichtern werden Rücken. Die Tatsache, dass wir uns zu Gemeinschaften zusammenfinden, kreiert eine unüberschaubare Anzahl von Bündnissen, die einige ein- und andere ausschließt. Man kann auf dieser Welt nichts Gutes voranbringen, ohne dass es andere

Menschen ausschließt, fernhält, abweist. Da der Mensch als soziales Wesen die Interaktion mit anderen Menschen sucht, es ihm als menschliche Disposition gleichsam in die Wiege gelegt ist, führt die Wahrnehmung des Ausschlusses zum Effekt der Bildung von Gruppenzusammenhängen in anderen Konstellationen: Wenn die ganze Welt sich verbündet, möchten wir nicht außerhalb stehen und werden Teil anderer Gemeinschaften und zwar derer, die uns aufnehmen oder die wir sogar als Familie, Unternehmer oder Sportler selbst gründen. So hält also die Wahrnehmung der Abgrenzung das Schwungrad der Bündnisbildung stetig am Laufen: Ausgrenzung schafft Eingrenzung. Der soziale Horizont ist in seinen Ausprägungen und Varianten unendlich aufgespannt – Ausgrenzung schafft Eingrenzung.

Das „Soziale" als Beziehung unterschiedlicher Willen zueinander ist Lebensrealität. Menschen treten jedoch nicht als isolierte Individuen miteinander in Beziehung, sondern wir sind Träger von gesammelten Prägungen, Erfahrungen und Verbindungen, die uns „typisch machen", verorten und leiten. Die Diskussion ist alt, uralt: Was macht, was prägt den einzelnen Menschen? Seine individuellen Talente, Charismen oder der soziale Kontext? Frei nach Karl Marx: Das Sein schafft das Bewusstsein. Oder doch: Das Bewusstsein schafft das Sein?

Trotz neurologischer Forschungen, fein verästelter Studien und Tiefeninterviews verbleibt die Antwort vielfältig. Eine definitive Gewichtung oder gar ein Entweder-oder existiert nicht. Man hat sich in der wissenschaftlichen Betrachtung auf eine Mischform geeinigt. Das Leben ist eben kein Idealtypus – rein und widerspruchslos – sondern komplex, vielfältig und unberechenbar. Die Unsicherheiten, die Möglichkeiten, die Optionen machen den Menschen zum Menschen.

Klar scheint: Menschen sind nie kontextfreie Akteure, sondern sie sind Teil und Angehörige von unzähligen sozialen Makro- und Mikrosystemen. Sie sind Staatsbürger, Hamburger, Religionsmitglied, Autofahrer oder Fußgänger, Vereins-Mitglieder, Eltern oder Fußball-Fans. Nicht wir lenken, sondern die Dinge lenken in uns. Nicht wir beherrschen eine Sprache, sondern eine Sprache beherrscht uns – ansonsten wäre Kommunikation nicht möglich. Das Soziale entsteht über das Teilen von Erfahrungen. Die „Mit-teilung" vervielfältigt unser Wissen <u>mit</u> anderen. Das Teilen fügt zusammen, da es den Austausch und das Verständnis bedingt.

In seiner Studie Massenpsychologie und Ich-Analyse erarbeitet Sigmund Freud die Grundlagen dieses Phänomens prägnant und lebendig. Ein gedankliches Furioso: „Jeder einzelne ist ein Bestandteil von vielen Massen, durch Identifizierung vielseitig gebunden und hat sein Ich-Ideal nach den verschiedensten Vorbildern aufgebaut. Jeder einzelne hat so Anteil an vielen Massenseelen, an der seiner Rasse, des Standes, der Glaubensgemeinschaft, der Staatlichkeit usw., und kann sich darüber hinaus zu einem Stückchen Selbständigkeit und Orginalität erheben" (Freud 2000, S. 815).

Vor dem Hintergrund einer immer gleicher werdenden Welt-, d. h. Konsumkultur, die auf Kosten des „kleinen Glücks" die Vielfältigkeit der Welt und Lebenswirklichkeiten mithilfe einer digitalen Wolke einebnet, waren Freuds Gedanken noch nie so aktuell wie heute.

2.4 Soziale Lebewesen: Existent, aber nicht greifbar

Es sind diese Gestaltsysteme, diese „gedachten" sozialen Lebewesen, Ideenlebewesen, „Hyperorganismen" (nach Ferdinand Tönnies) im Gegensatz zu den biologischen Organismen, die weder anfassbar noch klar abgrenzbar sind, aber das Leben in grundlegender Wucht strukturieren, lenken und leiten, indem wir Teil „der Deutschen", „der Autofahrer", „der Katholiken", „der Familie Schmidt" sind: Keiner hat je Deutschland die Hand geschüttelt, keiner weiß an wen er einen Brief zu schreiben hätte, wollte er sich an „die Autofahrer" wenden. Und doch beruht unser geordnetes Leben auf dem Denken in eben diesen Kategorien. Tönnies formulierte diese Erkenntnis mit folgenden Worten: „In diesem Sinne können lebende Einheiten zusammenlebender Menschen nicht nur mit Organismen verglichen werden, sondern werden mit Recht als *Hyper-organische Lebewesen* gedacht und verstanden" (Tönnies 1981, S. 4). Entscheidend ist die Vorstellung eines überpersonellen Willens, der einem sozialen Organismus zu eigen ist: Die Mitglieder eines derartigen hyperorganischen Lebewesens konstituieren als Gemeinschaft einen eigenen Willen, der, mag er auch nicht vollständig einheitlich sein, durch bestimmte Einordnungen der Wirklichkeit gekennzeichnet ist und eine Typik und Struktur nach außen bildet.

In neuerer Zeit besteht zu diesen Gedanken eine Parallele zu der vom Biologen Richard Dawkins entwickelten und viel diskutierten Theorie der Meme. Meme sind Ideenvererbungsmechanismen (Meme als Kulturelemente, die vor allem als Sprache und durch Imitation weitergegeben werden), in Analogie zu den Genen als

2 Über Gefallen und Autonomie

Träger physiologischer Anlagen (vgl. Blackmore 2000). Der israelische Historiker Juval Harari hat diese merkwürdigen, aber omnipräsenten (Ideen-)Lebewesen griffig in seinem Buch „Eine kurze Geschichte der Zeit" portraitiert: „Jede großangelegte menschliche Unternehmung – angefangen von einem archaischen Stamm über eine antike Stadt bis zu einer mittelalterlichen Kirche oder einem modernen Staat – ist fest in gemeinsame Geschichten verwurzelt, die nur in den Köpfen der Menschen existieren. [...] Diese Dinge existieren jedoch nur in den Geschichten, die wir Menschen erfinden und einander erzählen. Götter, Nationen, Geld, Menschenrechte und Gesetze gibt es gar nicht – sie existieren nur in unserer kollektiven Vorstellungswelt" (Harari 2015, S. 41).

Der aus heutiger Perspektive Soziologie-Klassiker Georg Simmel machte bereits vor gut 100 Jahren deutlich, dass der Differenzierungsgrad einer Kultur dadurch erkennbar sei, dass die Anzahl der Hyperorganismen, der „sozialen Kreise", stetig zunähme: Waren die Menschen des Mittelaltes in einer überschaubaren Anzahl von kulturellen Trägern verankert, ist die Summe dieser Gestaltfelder auf eine kaum noch dokumentierbare Anzahl angewachsen. Wir wachen am Morgen auf, sind Bewohner einer Stadt, Mieter einer Wohnung, Hörer eines bestimmten Radiosenders, Kunde eines Brotaufstriches, Bahnfahrer, Angestellter ... um nur einen Bruchteil der „Mitgliedschaften" zu beschreiben, die unseren Tag strukturieren, wenn nicht sogar beg-*leiten*. Die Digitalisierung hat die Partizipation an der Welt und ihren Möglichkeiten bis in das Unendliche gesteigert: Per Internet können wir uns global mit Menschen vernetzen, die die identische Freizeitbeschäftigung pflegen, die gleichen Nachnamen haben, Produkte aus allen Teilen der Welt bestellen und, auch wenn wir in einer Gruppe mit Freunden den Abend verbringen, mit einem ständigen Seitenblick und einem

Wisch auf dem Display eines Smartphones ganz woanders sein: „Noch in der mechanischen Wiederholung bleibt aber ein Fünkchen einer – wie wir wissen trügerischen – Hoffnung bestehen, dass uns ein weiterer Klick oder Touch aus der überwältigenden Monotonie erlösen konnte" (Crary 2014, S. 75).

Der Mensch ist in seiner Entscheidungsgewalt für oder gegen eine Gemeinschaft zwar eingebunden, aber selbstbestimmt und in seinem ästhetischen (Gefallens-)Urteil frei. Kein Mensch kann einem anderen Menschen vorschreiben, was für Musik er als schön empfinden wird. Vom Vorschreiben einer Lieblingsfarbe ist noch nichts bekannt geworden. Diese eine Frau lieben wir, obwohl alles dagegenspricht. Der Brotaufstrich schmeckt uns oder auch nicht – Zureden hilft nicht. Wir können „Über-zeugen", also Zeugnis ablegen von unseren Einschätzungen und Empfindungen und hoffen, dass dies auf Resonanz stößt, die Beurteilungen gewürdigt werden und auf den Gegenpol überspringen. Gleichwohl unterliegt das Gefallensurteil keiner kausalen Logik. Es ist das einzige freie Urteil des Menschen und es ist in seiner Ausprägung und Qualität eben das Charakteristikum, dass das entscheidend menschliche überhaupt erst bedingt. Der Großmeister der deutschen Philosophie, Immanuel Kant, hat in der Einleitung der Kritik der Urteilskraft dies folgendermaßen verdeutlicht: „Ein ästhetisches Urteil im allgemeinen kann also für dasjenige Urteil erklärt werden, dessen Prädikat niemals Erkenntnis (Begriff von einem Objekte) sein kann (ob es gleich die subjektive Bedingungen zu einem Erkenntnis überhaupt enthalten mag). In einem solchen Urteile ist der Bestimmungsgrund Empfindung, nun ist aber nur eine einzige sogenannte Empfindung, die niemals Begriff von einem Objekte werden kann, und diese ist das Gefühl der Lust und Unlust. Diese ist bloß subjektiv, da hingegen alle übrigen Empfindungen zu Erkenntnis gebraucht werden können Also ist ein ästhetisches Urteil dasjenige, dessen Bestimmungsgrund in einer Empfindung liegt, die mit dem Gefühle der Lust und Unlust unmittelbar verbunden ist" (Kant 1990, S. 30–31).

Es besteht kein Automatismus hinsichtlich der Ausrichtung unserer Präferenzen. Wer in einem Dorf aufgewachsen ist, muss nicht automatisch selbst in einem Dorf leben, vielleicht führt eben gerade diese Lebenserfahrung zum Wohnort Stadt (obwohl die Wahrscheinlichkeit eher geringer ist und spätestens bei Gründung einer Familie noch geringer wird). Die Tatsache, dass unsere Einsichten und Zuneigungen kulturell und biografisch unterlegt sind, bedingt keine inhaltliche Festlegung. Vielleicht führen Erfahrungen gerade dazu, dass wir dieses Erfahrene nicht mehr wünschen und uns gezielt dagegen entscheiden. Welche ästhetische fundierte Anziehung auch immer besteht und in ihrer Kombination das Individuum entstehen lässt, das wenigste, eigentlich nichts, haben wir selbst erdacht oder geschaffen. Allein die Kombination des bereits Vorhandenen macht uns einzigartig.

Im Ergebnis bedeutet dies, dass der Mensch immer Teil von Etwas ist. Ausgerüstet mit diesem Mantel übergreifender Verflechtungen begibt sich der Mensch in Beziehungen mit anderen und schafft im Wechselspiel der individuellen Ziele „Soziales" als förderliche und zutiefst schöpferische Interaktion.

Als Menschen des 21. Jahrhunderts mag uns die Vorstellung einer eingeschränkten Individualität irritieren, vielleicht sogar in unserem Selbstverständnis verletzen, aber Aufklärung, Demokratie, Sozialstaat, Netflix, Konfigurationsprogramme, Spotify sind nur standardisierte Pseudo-Optionengeber, gespielte Möglichkeiten, vor dem Hintergrund mehrerer tausend Jahre alter Grundgesetze menschlicher Emotionen.

2.5 Das Gefallensurteil als soziale Kategorie

1925 veröffentlichte der französische Philosoph Maurice Halbwachs die Untersuchung „Das Gedächtnis und seine sozialen Bedingungen" – bis heute ein Hauptwerk der kollektiven Identitätsforschung. Hauptthese seiner Beobachtungen ist: Die persönliche Erinnerung, also die Individualität speist sich nicht aus vorangelegten Dispositionen, sondern ist zu einem wichtigen Teil sozial bedingt. Halbwachs fasst diesen Sachverhalt mit der Vorstellung der sogenannten „cadres sociaux" („soziale Rahmen"). Erst dieser „soziale Rahmen" versetzt Menschen in die Lage, die Anschlussfähigkeit der Kommunikation sicherzustellen. Die Kommunikationsforscherin Astrid Erll beschreibt diese grundlegende These in folgenden Worten: „Der Mensch ist ein soziales Wesen. Ohne andere Menschen bleibt ihm nicht nur der Zugang zu so eindeutig kollektiven Phänomenen wie Sprache oder Sitten verwehrt, sondern […] auch der zum eigenen Gedächtnis" (Erll 2005, S. 15).

Weil der Mensch in dieser sozialen Ordnung heranwächst, sie internalisiert und als Mittel der Kommunikation erlernt, basiert sein Wahrnehmen, Deuten und Einordnen zu einem großen Anteil auf kollektiven Festsetzungen. Halbwachs schreibt: „Es würde in diesem Sinne ein kollektives Gedächtnis und einen gesellschaftlichen Rahmen des Gedächtnisses geben, und unser individuelles Denken wäre in dem Maße fähig sich zu erinnern, wie es sich innerhalb dieses Bezugsrahmens hält und an diesem Gedächtnis partizipiert" (Halbwachs 1985, S. 21). Dies bedeutet: Es gibt kein individuelles Gedächtnis, welches nicht sozial begründet ist.

Die Individualisierung des Menschen erfolgt über die zahlreichen Systeme oder – anders begrifflich gefasst – Organisationen, in denen er sich bewegt: So ist ein Mensch u. a. Mitglied einer Familie, eines Milieus, einer Religion und einer Nation. Diese sog. „Ausblickpunkte" (Halbwachs) speisen den Menschen mit einer Vielzahl unterschiedlicher Sozialrahmen, die in ihrer Kombination eine einzigartige Psyche konstituieren. Die Inhalte sind gleichartig; die Kombinatorik erschafft Einzigartiges. Die Inhalte dieser Ausblickpunkte werden auf unterschiedliche Weise weitergegeben bzw. sozial vererbt – fast ausschließlich informell. Aus diesem Grund ist der Mensch, sein Denken und Fühlen nicht gleich. Es ist hoch differenziert, eigen-artig und entzieht sich einer absoluten Prognose.

Eine Voraussetzung für die Entstehung von kollektiven Identitäten liegt in den kontinuierlichen Interaktionen der einzelnen Akteure miteinander: „Der einzelne ruft seine Erinnerungen mit Hilfe der Bezugsrahmen des sozialen Gedächtnisses herauf" (Halbwachs 1985, S. 381). Kulturinhalte, die nicht Teil des Alltages sind, keine Wiederholung aufweisen, gehen nicht nur individuell verloren, hinzu kommt, dass zugleich die Gruppe als Gruppe weder gefestigt noch stabilisiert wird. Die Vergewisserung „eigener Geschichten", die sich zu Sitten verdichten, scheint konstituierend für die Kraft der individuellen Identität.

2.6 Das Leben im Chaos

Wohin führt das? Was bedeutet dies für unseren Umgang und die Perspektive auf den anderen? Das alltägliche Leben ist ein selbst gewähltes und verursachtes Gewitter an gelingenden und an scheiternden Möglichkeiten. Alltag ist Unübersichtlichkeit … in allen Feldern. Alltag ist Entscheidung … auf Basis von gefühlter Erfahrung. Alltag ist Abwägung … in Sekundenbruchteilen.

Alltag bedeutet im wilden Stakkato des beschleunigten Zeitgeistes, unzählige Informationen und Botschaften nicht nur zu produzieren, sondern – das ist ihr Zweck – zu verarbeiten, zu bewerten und schließlich in Aktionen zu verwandeln. Immer und immer wieder gilt es zu entscheiden: T-Shirt oder Pullover, Anzug oder Jeans, Auto oder Bahn, Haus oder Wohnung, Cola oder Pepsi, Domestos oder Frosch, Pommes oder Salat, BMW oder Dacia, kaufen oder mieten, katholisch oder buddhistisch, Deutschland oder Europa, Single oder Paar, Elena oder Maria, Jürgen oder Andreas … manche Entscheidungen betreffen unser gesamtes Leben, andere nur die Mittagsmahlzeit. Die Wahl treffen wir mit der Absicht „richtig" zu liegen, unseren Wünschen, Vorlieben, Ansprüchen gerecht zu werden bzw. sie mit steuernden Vorgaben in Einklang zu bringen.

Manchmal scheitert der Mensch mit diesem Wunsch an anderen, gegen andere, nur zu oft auch am Selbstbild. Doch die Beurteilung der Resultate unserer Entscheidungen und Lebenswerke kann zu einem positiven wie negativen Urteil führen – je nach Blickwinkel, abhängig davon in welcher Lebensphase wir uns befinden. Eindeutig ist: Neben dem offensichtlichen „Drama der Freiheit" als individuelle Kategorie hat die Möglichkeit

2 Über Gefallen und Autonomie 39

des Wählens unterschiedlicher Optionen nicht nur Auswirkungen auf den einzelnen, sondern auch auf andere.

Die persönlich vorteilhafte Entscheidung mag für einen involvierten Menschen positive wie negative Folgen haben. Freiheit bedingt Zusammenschluss, Bündnisbildung, aber auch Disharmonien, mitunter sogar Disput und Streit. Der moderne Mensch muss sich immer stärker nach sich selbst richten – Religion oder Sitten helfen nicht mehr, schon gar nicht absolut. Dieses Selbst ist nicht vollständig definiert, es ist nicht vor-, sondern nur auf-gegeben – jeder Mensch muss unaufhörlich seine individuellen Entscheidungen durch Nachdenken, Prüfen, Aktion abwägen und treffen.

Zusammenfassung: Freiheit braucht Verzeihen.

Die Tatsache des Wollens führt zu der Frage: Was ist richtig? Was trifft die subjektiven Wünsche, Erwartungen, Pläne? Was entspricht eigenen Zielen? Schaden individuelle Ziele anderen?

Freiheit schafft nicht nur die persönlich zu bewertende Möglichkeit des Gelingens und Scheiterns, sondern auch einen sozialen Kontext, in dem das subjektive Agieren beurteilt wird. Was passiert in einer Welt, d. h. in einem sozialen Gefüge, wenn das Scheitern, Misslingen und Fehlschlagen nicht nur möglich, sondern aufgrund der unendlichen Vielfalt unausweichlich ist? Ja, indem noch nicht einmal klar ist, wann überhaupt gescheitert wird? Scheitern also – je nach gruppenspezifischer Perspektive – gleichzeitig Gelingen bedeuten kann, weil die Bewertung allein subjektiven und damit relativen Bezugsrahmen unterliegt: einzelner Menschen, aber auch Gemeinschaften. Das bedeutet: Die Beurteilung selbst findet auf zwei Ebenen statt: einer individuellen und einer sozialen. Das soziale Zusammenspiel ist demnach nicht nur individuell, sondern strukturell ein Wechsel zwischen Erfüllung und Enttäuschung. Dass, was wir als gut und richtig empfinden, mag einen anderen Menschen verletzen – manchmal ist das eine ohne das andere gar nicht möglich.

Im Effekt könnte der immerwährende Automatismus von „Gelingen und Scheitern" dazu führen, dass beide Akteure ihre Kommunikation unwiederbringlich aufgeben, eine einmal gemachte Erfahrung bis auf Weiteres den Diskurs beendet. Die Lebensrealität beweist allerdings, dass Menschen trotz sich konträr gegenüberstehender Auswirkungen einer Entscheidung ihre Kommunikation erneut herstellen. Die Aufrechterhaltung sozialer Interaktionen wird durch das Verzeihen formal unkompliziert und pragmatisch, d. h. ohne flankierende Organisationen, möglich. Eine Welt, in der Menschen mit anderen Menschen wie noch nie zuvor vernetzt sind und damit Kommunikation und Konflikt möglich ist, wäre ohne das Verzeihen nicht langfristig vital und austauschfähig – Verzeihen bedingt demnach Anschlussfähigkeit über einen Disput hinaus.

Die individuelle Perspektive, also das Verzeihen als Interaktion zwischen zwei Menschen (der eine vergibt dem anderen) ist ein in der Vergangenheit vielfältig als theologischer, philosophischer und psychologischer Sachverhalt untersucht worden. Verzeihen als Unterkategorie der Vergebung rückt das Verhalten in die Nähe religiöser Handlungen und Traditionen. Hier geht es allerdings um die Frage, wie eine „Öffentlichkeit" einem einzelnen vergibt. Wie also arbeitet die soziale Interaktion des Verzeihens vom Hyperorganismus zu einem Organismus? Wie kommunizieren diese „Dinge in den Köpfen der Menschen" (Harari) mit dem Individuum und machen es zu einem Teil von etwas oder aber schließen es aus. Ziel ist es, die Dynamiken und Determinanten des kollektiven Verzeihens zu beschreiben.

Es scheint als wirkten abgrenzbare Phasen und Aktivitätsstufen, sofern das soziale Fehlverhalten eines Angehörigen einer Gruppe sozial abgegolten ist und schließlich erneut zu übergreifender Akzeptanz führt.

Literatur

Blackmore S (2000) Die Macht der Meme oder Die Evolution von Kultur und Geist: oder Die Evolution von Kultur und Geist. Spektrum, 2010
Crary J (2014) Schlaflos im Spätkapitalismus. Wagenbach, Berlin
Deichsel A (1987) Von Tönnies her gedacht. Rolf Fechner Verlag, Hamburg, Soziologische Skizzen
Erll A (2005) Kollektives Gedächtnis und Erinnerungskulturen. Metzler, Stuttgart
Freud S (2000) Massenpsychologie und Ich-Analyse. (Studienausgabe, Bd. IX). Fischer, Frankfurt a. M.
Gehlen A (1962) Der Mensch. Seine Natur und seine Stellung in der Welt. Athenäum Verlag, Frankfurt a. M.
Halbwachs M (1985) Das Gedächtnis und seine sozialen Bedingungen. Suhrkamp, Frankfurt a. M.
Harari YN (2015) Eine kurze Geschichte der Menschheit. Pantheon, München
Kant I (2000) Erste Einleitung in die Kritik der Urteilskraft. Felix Meiner Verlag, Hamburg
Rosa H (2005) Beschleunigung. Die Veränderung der Zeitstrukturen in der Moderne. Suhrkamp, Frankfurt a. M.
Spengler O (1986) Der Untergang des Abendlandes. Umrisse einer Morphologie der Weltgeschichte. dtv, München
Tönnies F (1981) Einführung in die Soziologie. Enke, Stuttgart
Tönnies F (1991) Gemeinschaft und Gesellschaft. Grundbegriffe der Reinen Soziologie, Wissenschaftliche Buchgesellschaft, Darmstadt

3

Über das Verzeihen

Inhaltsverzeichnis

3.1 Wortbedeutung 44
3.2 Das Tempo................................. 45
3.3 Die Konstellation............................ 47
3.4 Die Gabe 48
3.5 Das Vertrauen 49
3.6 Das Unrecht................................ 51
3.7 Die Unplanbarkeit 53
3.8 Und: Eine theologische Perspektive 54
Literatur 57

Die „kulturelle Karriere" des Verzeihens existiert, seitdem Menschen aufeinandertreffen. Wir verzeihen ständig

---

Der sorgsam erarbeitete Sammelband „Verzeihen-Versöhnen-Vergessen. Soziologische Perspektiven" durch die Herausgeberin Takemitsu Morikawa aus dem Jahr 2018 hat die nachfolgenden Überlegungen inhaltlich und strukturell beeinflusst. Die Ergebnisse einiger Autoren werden nachfolgend aufgegriffen und nach den üblichen Zitierungsregeln belegt.

– in kleinen Zusammenhängen und bei fundamentalen Lebensentscheidungen: Mal ist es der Fremde der uns in der U-Bahn auf den Fuß steigt („Nicht so schlimm.") bis hin zu dem engen Freund, der unser blindes Vertrauen missbraucht hat („Du hast mir unendlich wehgetan, aber wir versuchen es …"). Um zu verstehen, wie „Verzeihen" funktioniert, macht es Sinn, die Bedeutungsentwicklung des Begriffes nachzuvollziehen und aufzuzeigen, welche rationalen und emotionalen Aspekte Verzeihen als Aktion zwischen zwei Menschen, aber auch zwischen einem Menschen und einer Gruppe, kennzeichnet.

3.1 Wortbedeutung

Ein Blick in die Wissenschaft der Sprache: Die Etymologie, d. h. die Wortforschung, ordnet den Ausdruck Verzeihen dem mittelalterlichen Begriff der „Zeihung" zu. Eine „Zeihung" bedeutete ein „Zeigen" bzw. „Hindeuten" auf einen anderen Akteur. Die Vorsilbe „Ver-" verdeutlicht einen Verzicht: Es wird also darauf verzichtet, ein anderes Subjekt „anzuzeigen" oder „zu bezichtigen".

Im sprachlichen Alltag wird Verzeihen mit „Entschuldigung" und „Nachsicht" gleichgesetzt, die eigentliche Wortbedeutung reicht allerdings viel weiter zurück: Wortgeschichtlich geht der Begriff „Verzeihen" nach dem klassischen Wörterbuch der Gebrüder Grimm auf den Stamm von „Versagen" oder „Abschlagen" zurück. Zusätzlich finden sich wortgeschichtliche Anknüpfungen zu „Aufgeben" oder „Verzichten". Ab dem 13. Jahrhundert kommt es zu einer Verschiebung der Wortbedeutung weg von einer allgemeingültigen Gewichtung hin zu einem spezifischen Verständnis. Verzeihen bedeutet nunmehr „Auf Wiedergutmachung verzichten" bzw. „entschuldigen". Verzeihung geht also davon aus, dass zuvor ein Fehler vorliegt oder ein Irrtum aufgetreten ist. Eine Handlung oder eine Kommentierung bzw. Meinung war „falsch" oder „ungewöhnlich".

Umgangssprachlich impliziert die Vorstellung des „Verzeihens"

a) die Bitte um Entschuldigung durch den, der fehlerhaft gehandelt hat und.

b) die Nachsicht und den Verzicht, das Vergessen und letztlich das „Löschen" durch den Leidtragenden dieses Fehlers.

Der Soziologe Joachim Fischer schreibt: „Das menschliche Monopol des Zeigenkönnens ermöglicht also auch das Aufeinanderzeigen, das Zeigen auf den Anderen. Dieses auf ihn zeigen kann sich im Konfliktfall, im Fall eines vom ersten Subjekt erfahrenen Unrechts, einer Kränkung, einer Schädigung durch ein anderes Subjekt, zu einem 'Anzeigen' verwandeln, zu einem 'Bezichtigen' (einem weiteren Wort für Zeigen), zu einem Beschuldigen. Im Gefolge dieses Zeihens und Anzeigens kann es immer zum Akt des Rächens kommen, wenn das erste Subjekt (das 'Opfer') dem bezichtigten anderen Subjekt (dem 'Täter') direkt einen vergleichbaren Schaden zufügt, *oder* aber – die bedeutende Alternative – zum Akt der Strafe, wenn das erste Subjekt *vor Dritten* auf das beschuldigte, angezeigte Subjekt als 'Täter' zeigt und von ihnen, den herbeigerufenen Dritten, indirekt den Akt des Bestrafens des Beschuldigten beansprucht" (Fischer 2010, S. 45).

3.2 Das Tempo

Der zeitliche Aspekt ist für die Beurteilung des Wesensgehaltes des „Verzeihen" relevant. Vor- und Nachüberlegungen über einen Sachverhalt selbst kosten Zeit und verändern den Fokus der Betrachtung, schließlich steht nicht die Wiederherstellung eines Schuldgleichgewichtes im Zentrum der Überlegung, sondern die Reflexion über die Ursachen eines Fehlers oder einer Unverhältnismäßigkeit. Verzeihen sieht davon ab, eine subjektive Erfahrung und ein intuitives Empfinden zu verlängern. Verzeihen schafft einen Zustand, der durch den Verzicht eines empfundenen Anspruches eine Kommunikation über den Sachverhalt an sich zulässt. Die Ursache des Verzeihens steht im Zentrum der Auseinandersetzung, nicht die Frage der Herstellung eines Ausgleichs. Dies setzt voraus, dass das verzeihende Ereignis gewollt verschoben oder sogar gezielt vergessen wird. Auf die Bedeutung des „Versöhnungstempos" machte bereits Georg Simmel in seiner Schrift zum Streit aufmerksam, und betont „daß das Tempo der Versöhnung, des Vergebens und Vergessens, von großer Bedeutung für die strukturelle Weiterentwicklung des Verhältnisses ist, daß jene Beendigung des Streites ihn nicht wirklich aufheben, wenn nicht seine latenten Energien zuvor irgendeine Aktualisierung gefunden haben: erst in dem offeneren oder wenigstens bewußteren Zustande werden sie von der Versöhnungstendenz wirklich durchdrungen. Wie man nicht zu schnell lernen darf, wenn das Gelernte uns bleiben soll, darf man auch nicht zu schnell vergessen, wenn das Vergessen seine soziologische Bedeutung ganz entfalten soll" (Simmel 1968, S. 253). Verzeihen schafft gedanklichen Platz, eine gedankliche Leerstelle, die über das Geschehene hinwegsieht, sofern und nur, wenn Zeit zu Reflexion und Aufarbeitung besteht.

3.3 Die Konstellation

Das Verzeihen selbst muss durch den, der ungerecht gehandelt hat, erbeten werden. Der um Verzeihen bittende fragt an. Die Hoffnung, dass die „Zeit alle Wunden" heile oder „Gras über die Sache wachse", mag nicht für alle Formen des sozialen Miteinanders gelten. In den meisten Fällen muss das Geschehen aktiv angegangen werden. Dies setzt zunächst ein Realisieren und Anerkennen, d. h. ein Eingeständnis der „falschen" Handlung voraus. Meist wurde ein bestimmter Erwartungszusammenhang irritiert oder nicht eingelöst – ein Zustand, der über die Vorstellung eines „schlechten Gewissens" abgebildet wird und eine „innere Stimme", einen überpersonalen Kompass und damit eine verankerte sittliche Vorstellung voraussetzt.

Um zu Verzeihen muss etwas geschehen sein. Ein Zurück ist nicht mehr möglich, denn der gemachte Fehler, die irritierende Handlung ist vollzogen und damit real. Erst darauf folgt eine aktive und persönliche Interaktion mit dem Geschädigten – allein die Thematisierung des Sachverhaltes mag die Chance auf eine Heilung bzw. die Möglichkeit der Vertrauensrückgewinnung beinhalten. In der Folge begibt sich der um Verzeihung bittende in eine unklare Situation. Ob Verziehen wird, ist offen und beinhaltet das Risiko der Zurückweisung und sogar die Verschärfung bzw. der ungelösten Finalisierung des Konfliktes. Sollte allerdings das Verzeihen eintreten, dann steht im Ergebnis die Möglichkeit des beschlossenen Vergessens mit dem in die Zukunft gerichteten Blick an die Zeit „wie es vorher war".

Verzeihen ohne Vorgeschichte ergibt keinen Sinn: Das Verzeihen bezieht sich explizit auf individuelle Gepflogenheiten, Vertrauensinhalte oder kollektiv gelernte Sitten, die nicht mehr eingehalten wurden. Ein Mensch hat so gehandelt, wie man es eigentlich nicht „von ihm erwartet" hatte. Eine Erwartung setzt jedoch auf etwas auf, was sich über die Zeit entwickelte und damit Zusageverlässlichkeit geschaffen hat. Verzeihen beruht auf der Vorstellung einer Beziehungs-Kontingenz, Interaktionsgeschichte und (liebgewonnen) Gewohnheiten.

3.4 Die Gabe

Es ist offensichtlich, dass dem heutigen Sprachverständnis nach dem Begriff des Vergebens im Gegensatz zum Verzeihen eine weitläufig religiöse Verknüpfung zu eigen ist. „Vergeben" betont die Funktion des freiwilligen „Gebens", das nie absolut prognostizierbar ist. Es ist gleichsam unberechenbar: Es ist nie sicher, ob Menschen anderen Menschen verzeihen (können oder wollen). Selbst ein Versuch kann abgebrochen werden. In diesem Sinne wird auch nachvollziehbar, warum sich Georg Simmel mit einer Erklärung dieses unplanbaren sozialen Aktes des Verzeihens schwertat. Verzeihen entzieht sich einem gelernten, logischen und weitgehend perspektivisch klaren Kontext, der die Moderne charakterisiert, und agiert stattdessen in einem irrational wirkenden Zusammenhang, der nicht vollständig hergeleitet werden kann. Verzeihen ist demnach in einer klar strukturierten Welt der gelernten Wirkungsabfolgen etwas nahezu archaisch Unberechenbares und Ungewöhnliches. Das ist nicht automatisch unvorteilhaft oder schlecht. Viel eher zeigt sich, dass Verzeihen der verbreiteten Logik der Berechenbarkeit nicht entspricht. Die „Wissenschaft des Verzeihens" resultiert auf dem konstruktiven Willen zur Anknüpfung – damit ist sie gleichzeitig eine heilsame Gabe, des Verzeihenden und des um Verzeihung Bittenden.

3.5 Das Vertrauen

Verzeihen ist notwendig, wenn die Gründe für das zugrunde liegende Vertrauen nicht bestätigt, sondern irritiert bzw. aufgelöst wurden. Vertrauen als soziale Kategorie ist ein Aktionsversprechen, dass in einer unübersichtlichen Welt Sicherheit und Orientierung zu geben vermag. Vertrauen entsteht und verfestigt sich, sobald Menschen Vertrautem begegnen.

Wortgeschichtlich geht der Ausdruck Vertrauen auf „treu" zurück und impliziert die Vorstellung, dass ein Handelnder treu zu den angenommenen Erwartungen ist, also seine Aktionen nicht unerwartet oder überraschend zu den bisherigen Erfahrungen sein werden. Das umgangssprachliche Bonmot „Treu ist man dem, der sich selbst treu bleibt" macht diesen Gedanken griffig.

Vertrauen ist im systemtheoretischen Kontext eine Funktion, welche bestimmte Erwartungshaltungen einem Akteur zuspricht. Im Ergebnis bestehen beim Empfänger eindeutige Leistungsprognosen. Der Akteur selbst bemerkt, dass sein erwartbares Handeln eine rückkoppelnde Zuverlässigkeit bedingt und orientiert sein Handeln nach eben diesen verankerten Aussichten. Der Begründer der Systemtheorie Niklas Luhmann verdeutlicht dies in dem Ausspruch: „Vertrauen reflektiert Kontingenz [...]" (Luhmann 2000, S. 29). Denn zwei Akteure agieren innerhalb eines klaren inhaltlichen Feldes in bestimmten Mustern. Der Informationsaustausch ist auf diese Weise zutiefst effektiv, obwohl er verborgen und ungesagt abläuft – man „vertraut sich blind".

Zweifelsfrei beruht gerade das moderne Leben auf diesen unterschwelligen, unbewussten und verdeckten Informationsnetzwerken. Je komplexer die sozialen Kreise sind, desto mehr sind wir auf Vertrauensfixpunkte angewiesen: es ist schier nicht mehr möglich, sich fundiert mit allem und jedem auseinanderzusetzen, der unser Vertrauen erhält. Luhmann benennt dies folgendermaßen: „Vertrauen ist überzogene Information, beruht also darauf, dass der Vertrauende sich in gewissen Grundzügen schon auskennt, schon informiert ist, wenn auch nicht dicht genug, nicht vollständig, nicht zuverlässig" (Luhmann 2000, S. 40).

Was ist die Folge eines derartigen sozialen Erwartungsgefüges? Indem eine Informationsvorleistung besteht, wird der Komplexitätsgrad der Umwelt drastisch reduziert. Die unendliche Vielfältigkeit des theoretisch möglichen wird durch eine inhaltliche Einengung überschaubar. Diese Reduktion macht ein schnelles Kommunizieren, Agieren und Entscheiden möglich(er) und stabilisiert das Zusammenwirken aller Akteure. Die Unendlichkeit der Informationen und Möglichkeiten muss nicht mehr als Gesamtheit aufgenommen, bearbeitet und bewertet werden, sondern in einem für das Individuum relevanten Feld werden „Vertrauensetiketten" vergeben, die den Selektionsaufwand minimieren. Dieses „Überziehen" mit Informationen und Referenzen gibt Richtwerte für die Handlungskoordination und die planvolle Entscheidung.

Dies vorausgesetzt, wird die strukturelle Abhängigkeit von Vertrauen und Verzeihen deutlich: Beide Kategorien bedingen sich als aufeinander aufbauende psychologische Dispositionen. Verzeihen macht nur dann Sinn, wenn zuvor Vertrauen bestanden hat, welches durch einen bestimmten Sachverhalt oder ein Ereignis irritiert oder vollends aufgehoben wurde. Verzeihen impliziert die Vorstellung davon, dass von betroffenen Aktionsträgern die angenommenen und zugebilligten Routinen nicht eingehalten wurden. Der Ausspruch: „Dies hätte ich nicht erwartet" verdeutlicht den in die Zukunft gerichteten Inhalt. Wenn keine Erwartungshaltung besteht, dann besteht nicht die Möglichkeit „enttäuscht" zu werden und die Entschuldigung ist kontextfrei – sofern nicht allgemein gegen die sozialen Gepflogenheiten verstoßen wurde.

Der Begriff der Enttäuschung verdeutlicht, dass das Verzeihen stets von einer „Täuschung" ausgeht. Ein Mensch handelt nicht wahrheitsgemäß oder „wie gewohnt", gibt aber eben dieses vor. Verzeihen setzt also den handelnden, den entscheidenden Menschen voraus. Verzeihen für ungewolltes, unbeabsichtigtes macht keinen Sinn.

Enttäuschung basiert auf zum einen dezidiert-persönlichen Erwartungen und zum anderen über-personellen, d. h. sittenhaften Annahmen hinsichtlich kultureller Ge- und Verbote. So wird erwartet, dass man bei einem Kauf nicht betrogen oder grundlos auf offener Straße bedroht wird. In einer Familie belügt man sich nicht – man vertraut sich als Schicksalsgemeinschaft. Diese moralischen Fixpunkte setzen ebenfalls Vertrauensorientierungen, die – sofern sie nicht eingehalten werden – strafrechtlich geahndet und bestraft werden könnten (Ehebruch ist kein Straftatbestand). Beide Formen der Erwartungshaltung, die persönliche sowie die soziale, sind Resultate von erwiesenen oder zugeschriebenen Erfahrungen – also konkreten Handlungsinhalten. Verzeihen ohne Vertrauen ist inhaltlos. Vertrauen ohne Geschichte ist nichtig.

3.6 Das Unrecht

Im wissenschaftlichen Verzeihens-Diskurs wird die Bedeutung des Vertrauens noch nicht ausreichend betrachtet. Im Fokus steht die Konzentration auf das Empfinden von „Unrecht". Allerdings ist das Unrecht keine kontextfreie Zuschreibung. Unrecht selbst ist eine zumeist kollektiv verankerte normative Kategorie des

„Das-ist-bei uns-richtig" und „Das-ist-bei-uns-falsch" – gerade in einem gemeinschaftlich-sittenhaften Kontext. Die isolierte Betrachtung von „Unrecht" greift zu kurz und verkennt die Vielfältigkeit des Unrechtsempfindens. Viel eher geht es um die Determinante der Vertrauensbestätigung: Handelt der andere so, wie ich es von ihm erwartet habe – sowohl innerhalb sozialer Kategorien als auch als persönliche Einschätzung? Oder: Entspricht das Handeln einer individuellen allerdings zutiefst kollektiv geprägten Vorstellung davon, wie es „eigentlich" zu sein hat und schließlich nicht eingelöst worden ist. Wenn mich beispielsweise ein Freund um Geld betrügt, dann erschüttert dieses Verhalten meine Erwartungshaltung zutiefst, weil hier die Verwertungslogik der zweckrationalen Welt plötzlich in einem normalerweise zweckfreien Kontext auftritt.

Verzeihen funktioniert nur, sofern klar ist, was eingehalten werden sollte. Verzeihen ist als sozialer Zusammenhang prinzipiell nur möglich, weil eine latente Ahnung davon herrscht, dass die Welt in ihren unzähligen Interaktionen unberechenbar ist. Vertrauen will Berechenbarkeit in Form einer psychologischen und sozialen Grammatik. Vorhersehbarkeit als sozialer Mechanismus ist neuartig und brüchig vor dem Hintergrund der Kulturgeschichte des Menschen. Vorhersehbarkeit ist jedoch in einer Welt der Vielschichtigkeit und der Beschleunigung umso wichtiger. So mag der Gedanke durchaus erlaubt sein, dass das Verzeihen möglich ist, weil die Stabilität sozialer Beziehungsaktionen als Sonderfall diffus bewusst ist und – gerade aufgrund der zunehmenden Unvorhersehbarkeiten der Welt – umso vehementer und sicherer reproduziert werden soll.

3.7 Die Unplanbarkeit

Dies wird besonders anschaulich, sofern das Verzeihen in seinen Handlungsphasen betrachtet wird: Die Philosophin Svenja Flaßpöhler hat die, ihrer Ansicht nach, drei Problembereiche des Verzeihens definiert. Verzeihen setze voraus, dass.
a) eine Person ein Unrecht erkennt.
b) darauf hinweist.
und.
c) schließlich davon absieht (vgl. Dimbath 2018, S. 59).

In diesem Dreiklang tritt die von Simmel als „rätselhafter" Mechanismus bezeichnete sozialer Interaktion ein: Niemand muss einem anderen Menschen verzeihen, sondern das Verzeihen an sich ist stets eine individuelle Ermessensentscheidung. Es besteht kein Recht auf Verzeihen. Verzeihen fällt in eine Aktionskategorie, die, so Flaßpöhler, dem Schenken nahe ist – nicht umsonst sprechen wir vom „Vertrauen schenken" (zit. nach Dimbath 2018, S. 60).

Verzeihung und Vergeben markieren daher in einem analytischen Verständnis eine komplexe und nicht vollständig rationale Grenze des Miteinanders – ob Verzeihen ermöglicht wird ist nicht vorhersehbar. Jetzt wird deutlich, warum Georg Simmel das Verzeihen folgendermaßen charakterisiert: „Es liegt im Verzeihen, wenn man es bis in den letzten Grund durchzuführen sucht, etwas rational nicht recht Begreifliches" (Simmel 1992, S. 377).

3.8 Und: Eine theologische Perspektive

Aus einer theologischen Perspektive ist Verzeihen möglich, weil der Mensch ein Wesen ist, das aufgrund seines Willens zu einer freien Entscheidung auch Fehler machen kann. Weil Fehler den Menschen in seinem Daseinsmythos von Beginn an prägen (Genesis „Der Apfel vom Baum der Erkenntnis"), führt diese fundamentale menschliche Erfahrung dazu, Fehler als Fehler zu erkennen und schließlich sogar zu korrigieren. Denn ebenso wie der Mensch zum Guten fähig ist, so kennzeichnet ihn auch die Möglichkeit des destruktiven Handelns.

Das Verständnis des Verzeihens als Gabe, als Möglichkeit der autonomen Kontextumkehrung ist ein kulturell prägender Sachverhalt, der ein Kerninhalt christlicher Glaubenserfahrung ist: So umfasst die religiösen Feiern der Osternacht folgender Ruf: Felix culpa (Glückliche Schuld)! Der Gedanke dahinter: Erst durch die Aufhebung der Schuld (Kreuzigung Jesu) hat Gott seine Verbindung zum Menschen in die absolute Liebe gewendet. Schuld und Verzeihen sind „göttliche" Aspekte des Menschseins.

Diese Korrektur durchbricht den Teufelskreis aus Vergeltung und setzt an diese Stelle die solidarische Empathie in die Fehlerhaftigkeit des Menschen an sich, das gemeinschaftlich-verknäuelte Empfinden des Menschlichen in der gesamten Bandbreite der Möglichkeiten.

Verzeihen gibt die Möglichkeit „gut" zu werden, religiös gewendet als Zeuge an der göttlichen Gnade zu partizipieren: Nicht nur der Vergebende, sondern auch der dem vergeben wird, erhält die Möglichkeit, sein zukünftiges Handeln vor dem Hintergrund der erlebten „Güte" auszurichten. Umkehr und Änderung sind möglich und machen den Menschen zum ewig

Handelnden. Der Mensch ist nicht Sklave einmal gefällter Entscheidungen und Wege, sondern kann (und darf) zurückgehen. Das Leben des Menschen ist steuerbar und impliziert bis zum Ende die Möglichkeit des „Umkehrens". Eine Heilsvorstellung, die psychologisch betrachtet, die ewige Möglichkeit der Linderung beinhaltet: Kaum etwas wirkt tiefer.

Zusammenfassung: Was Verzeihen kennzeichnet.

In Rückgriff auf die vielschichtigen Gedanken einer „Dynamik des Verzeihens" ergeben sich unterschiedliche Prämissen, die die Dimensionen und Stufen bei aller Variations- und Wandlungsfähigkeit auf wiederkehrende Muster zurückführen lassen.

Die ausgearbeiteten Mosaiksteine einer Theorie des Verzeihens können eine Orientierung sein, um dieses aktive, gabenvolle und dennoch rätselhafte Handeln in grober Verdichtung zusammenzufassen.

- Verzeihen ist die Nicht-Berücksichtigung und/oder Rücknahme eines Anspruches.
- Der Anspruch resultiert aus bestehenden Erwartungshaltungen und kollektiv verankerten, d. h. geschichtlich gelernten Vorstellungen eines „richtig" oder „falsch" – daher ist das Verzeihen nicht universell, sondern kontextgebunden und zeitlich verankert.
- Verzeihen geht auf ein irritiertes oder gebrochenes Vertrauensverhältnis zurück: Ein Mensch handelt nicht so, wie von ihm eigentlich erwartet wird.
- Verzeihen ist ein freiwilliger Akt. Es gibt kein Recht auf Verzeihen.
- Verzeihen ist eine Gabe, die die Fehlerhaftigkeit alles Menschlichen anerkennt.
- Verzeihen benötigt Zeit, um die Wahrhaftigkeit des Entschuldungs-Ansinnens zu prüfen. Verzeihen setzt Reflexion beim Schuldigen und beim Opfer voraus.

Zielsetzung ist das sukzessive Überblenden oder planvolle Vergessen der beanstandeten Ursache.
- Verzeihen erfordert ein aktives Erbitten, einen Verzeihensakt. Der um Verzeihung Bittende muss ein fehlerhaftes Verhalten anerkennen.
- Im Ergebnis begegnen sich der Verzeihende und der um Verzeihung Bittende auf einer Ebene, die eine bejahende, förderliche Kommunikation erneut ermöglicht. Der Vertrauensbruch wird zugunsten einer positiven Zuverlässigkeitsprognose auf Basis der Vergangenheit erneut aufgenommen.

Mit diesen individual-psychologisch geprägten Zwischenergebnissen soll es in den folgenden Überlegungen darum gehen, die kollektiven Dynamiken des Verzeihens näher zu beleuchten und zu verstehen. Wie „verzeihen" Gruppen, also kollektive Einheiten, ihren einzelnen Mitgliedern, sofern sie „falsch" gehandelt haben. Was setzt ein „kollektives Verzeihen" voraus? Welche Abstufungen des Verzeihens bestehen und wie verläuft die übergreifende Kommunikation des Missfallens? Wie wird der „Schuldige" erneut Teil der Gemeinschaft? Lassen sich auch hier identische Prämissen und Phasen des Vorgehens erkennen und wie verläuft die Interaktion zwischen einer diffusen Gruppe und einem einzelnen Akteur, der sein „Verzeihen" nicht Aug'-in-Aug' oder per versöhnlichem Handschlag erfährt. Dies erfordert, sich mit den Idealtypen sozialer Bündnisse zu befassen und daraus Erkenntnisse für das kollektive Verzeihen abzuleiten.

Literatur

Dimbath O (2018) Verzeihen, Versöhnen, Vergessen in filmischer Interaktion. In: Morikawa T (2018) Verzeihen – Versöhnen – Vergessen. Transkript, Bielefeld

Fischer J (2018) Das Verzeihen. Seine Sozialontologie im Lichte der Theorien 'sozialer Akte' und 'Sprechakte'. In: Morikawa T (2018) Verzeihen – Versöhnen – Vergessen. Transkript, Bielefeld

Luhmann N (2000) Vertrauen. Ein Mechanismus der Reduktion sozialer Komplexität, UTB, Stuttgart

Simmel G (1968) Der Streit. In: Simmel G (Hrsg.), Soziologie. Untersuchungen über die Formen der Vergesellschaftung. Duncker & Humblot, Berlin

Simmel G (1992) Soziologie. Suhrkamp, Frankfurt a. M, Untersuchungen über die Formen der Vergesellschaftung

4

Über den Kollektivwillen

Inhaltsverzeichnis

4.1 Der Wille der Vielen: Formen sozialer Bündnisse 60
4.2 Der soziale Wille ... im Wandel 67
Literatur 73

Öffentlichkeit ist die Folge sozialer Beziehungen von einzelnen Menschen zueinander, von Gruppen sowie von Gruppen zu Gruppen. Als mehr und minder unterschiedliche Akteure treten sie in Interaktion miteinander und beeinflussen sich gegenseitig im Austausch auf ein bestimmtes Themenfeld. Umgangssprachlich wird das „Soziale" oftmals mit positiven, verbindenden Eigenschaften gleichgesetzt. Sozial ist, was freundlich ist. Vor einem wissenschaftlichen Fokus ist das Soziale nicht per se etwas Gutes oder „Menschenfreundliches", sondern beschreibt zunächst Formen sozialer Prozesse.

Nachdem klar geworden ist, was Verzeihen bedeutet und welche psychologischen Mechanismen wirksam sind, gilt es nun die übergreifenden, sozial bedingten Einbettungen besser zu verstehen. Warum? Erst im Wechselspiel zwischen Ich und Wir entsteht das, was wir als Lebenswirklichkeit verstehen. Nur so wird deutlich, warum nicht immer nur wir als Person entscheiden, sondern vor allem auch das Wir in uns entscheidet. Vielleicht verzeihen wir anders, wenn wir einem Menschen direkt gegenüberstehen, als wenn wir Statthalter einer Kollektivmeinung sind?

4.1 Der Wille der Vielen: Formen sozialer Bündnisse

Wie zuvor deutlich wurde, unterliegt das Soziale einer grundlegenden Bedingung: Es muss gewollt sein. Es entsteht bei gemeinsamer Förderung einer Idee, eines Zwecks, eines Ziels.

Aus den Willen der Einzelnen entsteht ein übergeordneter, gemeinsamer Willenszusammenhang, ein soziales Subjekt oder anders formuliert, ein Hyperorganismus. Die Dynamik, Anziehungs- und Abstoßungskräfte dieser Ideenorganismen bilden die eigentlichen Gegenstände einer erkenntnisorientierten Beschäftigung sozialpsychologischer und soziologischer Systeme. Ihr Sinn liegt in ihrer zweckorientierten Verdichtung: „Denn jedes Ganze ist für sich selber Zweck: dies ist nur ein anderer Ausdruck für seine Einheit, also für sein Dasein als dauerndes, als welches durch seine eigene Kraft von Moment zu Moment, wenn auch zugleich durch zusammenkommende günstige Bedingungen, d.i. andere, fördernde Kräfte erhalten wird" (Tönnies 1991, S. 148).

Dieser soziale Wille tritt in zwei idealtypischen Formen auf: Gemeinschaft und Gesellschaft. Es besteht in der Regel bei jedem Menschen ein intuitiv-diffuses Wissen darüber, was diese beiden Sozialformen kennzeichnet. Machen Sie sich die Mühe und denken Sie einen Augenblick darüber nach, was eine Gemeinschaft von einer Gesellschaft unterscheidet …

Ganz grob: Gemeinschaften scheinen kleinteilig, umfassender und tiefgehender als gesellschaftliche Gruppen, die in ihrer Präsenz rationaler, zielorientierter und situativer auftreten. Gemeinschaften sind nah, Gesellschaften die weite Welt. Wir kennen die Familiengemeinschaft, aber nicht die Familiengesellschaft – von einer Aktiengemeinschaft dagegen haben wir noch nichts gehört.

Bevor es also um die Analyse einer öffentlichen Meinung gehen kann, werden diese beiden Bündnisformen genauer betrachtet.

Die Gemeinschaft
Gemeinschaften sind Kollektive, die durch eine gemeinsame Historie gewachsen sind. Aus diesem Grund wirken sie äußerst beständig – sie sind Resultate bestimmter Gewohnheiten: Sitten und Geläufigkeiten von Gemeinschaften ändern sich nur allmählich, weil sie das Selbstverständnis und die Verortung eines Menschen fundamental prägen: Als Mitglied einer Familie, einer Stadt, einer Epoche, eines Milieus. Ihre abrupte Veränderung würde den Menschen in seinem Kern selbst verunsichern und desorientieren. Die Gemeinschaft kennzeichnet einen gemeinsamen und übereinstimmenden Willen und harmonisierte Einschätzungen. Dadurch entstehen Gewohnheiten und ein Pflichtgefühl gegenüber den anderen innerhalb der Gemeinschaft.

Diese gleichsam organischen Gemeinschaften entwickeln sich nach Tönnies zur „Gemeinschaft des Geistes" oder „Gemeinschaft des Ortes". Folglich stehen Gemeinschaften immer in Beziehung zu ihrer Umwelt. Die Inhalte einer Gemeinschaft bedingen Faktoren, die nur zum Teil dem Einfluss der sie bildenden Menschen unterliegen. Indem die Träger verschiedener Gemeinschaften Gleiches erleben, gleichen sich die Ausprägungen von Gemeinschaften an, formieren sich zu übergreifenden Sozialkörpern mit ähnlichen Erinnerungsspeichern. Tönnies verdeutlicht: „Unmerklich geht das Gewohnheitsmäßige in das Instinktive, das Triebartige über: was wir gewohnt sind zu tun, das tun wir unwillkürlich […]" (Tönnies 1909, S. 9). Die in den Gemeinschaften erfahrenen Erlebnisse verdichten sich zu kollektiven Erfahrungen und werden kollektiv gepflegt und vererbt.

Gemeinschaften prägen unser Verständnis von richtig und falsch, von gewollt und ungewollt und bedingen unbewusst unsere Vorlieben. Sie prädefinieren unsere Empfindungen noch weit vor dem individuellen Abwägen und Durchdenken. Die Gewohnheiten einer Kultur ergreifen Besitz von uns, sodass eine Trennung zwischen Eigen- und Kulturwillen, so Tönnies, kaum noch möglich erscheint. Als Deutscher, Italiener oder Brasilianer strahlen wir diese Gewohnheiten in der Art wie wir grüßen, essen oder Weihnachten feiern nach außen aus und sind unmittelbar als zugehörig oder anders erkennbar.

Gemeinschaften sind biografisch geprägt: Der Mensch wird in sie geboren und sie prägen dauerhaft das Verhalten und Verständnis in der Welt. In einer Gemeinschaft wirkt ein ursprünglicher, natürlicher Zustand, eine aus den gleichartigen Lebensumständen resultierende „Einheit des Willens" und des Empfindens. In ihr wirken nicht nur die Menschen der heutigen Zeit zusammen, sondern auch die, die mitunter gar nicht mehr leben. Ein Erbe aus Verhaltensweisen, Ansprachen und Aktivitäten bedingt das Handeln bis heute: von Art und Inhalt wie man sich begrüßt, kocht, Feste feiert oder wann man darüber nachdenkt, eine Krawatte zum Anzug zu wählen. Selbst wenn man diese Entscheidungen nicht teilt oder verwirft, so prägen diese Koordinaten unsere Vorstellungen, Werte und Empfindungen. Gemeinschaften sind immer auch kollektive Erinnerungsorte. Eine auf diese Weise verbundene Gemeinschaft von Menschen kennzeichnet eine Bindung, die sich weitgehend rationalen Entscheidungsgrundlagen entzieht: So impliziert das Eheversprechen füreinander einzustehen, selbst wenn sich die Lebensumstände zum schlechteren entwickeln sollten und für einen der Partner eine Trennung durchaus rational nachvollziehbar wäre. Gemeinschaftliche Verbindungen basieren auf emotionalen Hinwendungen und Verpflichtungszusammenhängen.

Gemeinschaften sind die ursprünglichen Formen des Zusammenlebens. Ihre Interaktionen sind meist nicht schriftlich dokumentiert, sondern sie folgen einer gelebten Kultur. Grundlage für das Agieren innerhalb einer Gemeinschaft ist das Vertrauen, das Handlungsmuster funktioniert meist nonverbal und ohne faktischen Beschluss.

In Gemeinschaften besteht eine natürliche Verbundenheit, die sich auch durch räumliche Trennung oder differente Ansichten in Teilbereichen kaum zerstören lässt („Eine Familie hält zusammen."). Die gemeinsame Sozialisation und ein Fundus eines geteilten Schicksals halten die Verbindung über die Zeit aufrecht.

Die Gemeinschaft ist damit tendenziell eine aus Vergangenem geprägte Bündnisform, deren Färbungen und Spuren Entscheidungen leiten und bestimmen. Der französische Philosoph Francois Jullien weist darauf hin: „Dennoch ist es, wie schon Nietzsche betont hat, richtig, dass eine Kultur stets in einem bestimmten Gebiet, in einem bestimmten Milieu entsteht und sich entwickelt. Sie ereignet sich stets lokal, in der Nähe und in einer Landschaft: in einer Sprache und in einer Atmosphäre, die ihre Prägnanz ausmachen. Noch passender als lokal erscheint mir dabei der Begriff fokal: Kultur entfaltet sich stets von so etwas wie einem 'Herd' (foyer) aus, durch das Singuläre hindurch – denn nur das Singuläre ist kreativ" (Jullien 2018, S. 53–54).

Die gemeinschaftliche Form der Sozialität ist eine vertraute Ausprägung sozialen Willens. Aufgrund ihrer Ursprünglichkeit und ihrer tief verwurzelten Dichte charakterisiert Alexander Deichsel Gemeinschaften in folgender Überlegung: „Sie schufen jene Sozialkörper, die es erlaubten, zu überleben und sich fortzupflanzen – als Stamm oder Geschlecht, als Völkerschaft oder Familie" (Deichsel 2006, S. 65).

Zugehörigkeit zu einem Kollektiv ermöglicht es dem Individuum, eine sichere (Ver-)Bindung zu anderen Gruppenmitgliedern einzugehen. Auf Basis gleicher Einstellungen werden Konflikte und Spannungen reduziert. Durch geschlossenes Auftreten können Gemeinschaften Gruppenziele konsequenter verwirklichen. Estel verdeutlicht deshalb: „[…] die Identität eines Kollektives wird weniger durch eine negative, sozusagen passive Abgrenzung von außen als vielmehr durch eine stets neue Realisierung kollektiver Werte und Standards bzw. die Ausbildung und Verfolgung (auch!) daran orientierter spezifischer Ziele in und gegenüber der Außenwelt gewonnen und bewahrt" (Estel 1983, S. 180).

Die Gesellschaft

Tönnies schreibt in seinen einführenden Gedanken zur Gesellschaft: „Die Theorie der Gesellschaft konstruiert einen Kreis von Menschen, welche, wie in Gemeinschaft, auf friedliche Art nebeneinander leben und wohnen, aber nicht wesentlich verbunden, sondern wesentlich getrennt sind […]. Sofern hier ist ein jeder für sich allein, und im Zustande der Spannung gegen alle übrige. […] Keiner wird für den anderen etwas tun und leisten, keiner dem anderen etwas gönnen und geben wollen, es sei denn um einer Gegenleistung oder Gegengabe willen, welche er seinem Gegebenen wenigstens gleich erachtet" (Tönnies 1991, S. 34).

Ein gesellschaftliches Bündnis wird durch das Individuum selbst konstituiert. Der einzelne ist Initiator, der autonome Wille entscheidet bei Handlungen. Gesellschaften gehen als soziale Kreationen auf Gründerpersönlichkeiten zurück, die zweckhaft ihre Einfälle organisieren: Als Zusammenschluss, Firma, Interessensverband. Innerhalb dieses Kollektives bestehen klare Regelungen: In Form einer fixierten Übereinkunft, eines Gesetzes oder eines Vertrages.

Eine gesellschaftliche Gruppe findet sich zusammen, weil ihre Mitglieder identische Ziele verfolgen. Sie erwählen einander und interagieren vor dem Hintergrund der Zielerreichung.

In Gemeinschaften ist der Mensch, in Gesellschaften kommt der Mensch. Damit wird die Triebkraft und das eigentliche Unterscheidungsmerkmal der Gesellschaft in Hinblick auf die Gemeinschaft deutlich: Gesellschaften werden zweckorientiert gewählt, während Gemeinschaften ihr Ziel in sich selbst haben, es selbsttätig herausbilden. Jedes Individuum möchte in gesellschaftlichen Bündnisformen seine Ziele gegenüber anderen optimal durchsetzen und erhalten. So regelt ein Arbeitsvertrag Gehalt und Arbeitszeit – zum Vorteil beider Unterzeichner. Im Gegensatz zur Gemeinschaft, die lebenslang wirksam ist (selbst wenn man sich willentlich von ihr lossagt), ist die Gesellschaft aufgrund ihres Zweckcharakters in ihrer

Dauer beschränkt. Eine Gesellschaft löst sich auf, wenn ein Ziel erreicht wurde.

Tönnies macht dies in folgendem Zitat deutlich: „Die Theorie der Gesellschaft konstruiert einen Kreis von Menschen, welche, wie in der Gemeinschaft, auf friedliche Art nebeneinander leben und wohnen, aber nicht wesentlich verbunden, sondern wesentlich getrennt sind, und während dort verbunden bleibend trotz aller Trennungen, hier getrennt bleiben trotz aller Verbundenheiten" (Tönnies 1991, S. 40). Als fortgeschrittenstes Phänomen dieser Sozialitätsform erkennt Tönnies wirtschaftliche Interaktionen: Verträge regeln die Erfüllung und Kalkulierbarkeit von Tausch- und damit Zweckinteressen. Aus diesem Grund hat die moderne Sozialität Regeln in Form von Gesetzen aufgestellt, denn mit ihrer Hilfe werden gesellschaftliche Wechselwirkungen in organisierte und berechenbare Bahnen gelenkt.

Gesellschaftliche Beziehungen sind autonom und selbstbestimmt, sie sind eine Folge unserer Wünsche und selbstgewählten Wegmarken. Sie beruhen auf den Beschlüssen und Abmachungen, die der einzelne Mensch für sich (soweit es ihm möglich ist) wählt – sie sind Beliebens-Beziehungen. Sie machen frei, denn ihre Inhalte liegen als schier unendliche Möglichkeiten in uns. Wer in einem Dorf aufgewachsen ist weiß, dass man stets „das Kind der Müllers" bleibt. Auf Jahr und Tag definiert mit dieser Herkunft. Ist nun der große Tag gekommen und man verlässt sein Dorf, vielleicht um in der Stadt zu studieren oder eine Lehre zu beginnen, ist das eigene Blatt unbeschrieben: Keiner kennt einen – man ist nicht nur frei in seinen eigenen Entscheidungen, sondern gleichzeitig in der Wahrnehmung bei anderen. Wie sagt das Sprichwort zurecht: Stadtluft macht frei!

4.2 Der soziale Wille ... im Wandel

Beide dargestellten Willensformen treten in der Lebensrealität nicht in einem extremen Entweder-oder auf. Vielmehr findet das Leben als unendlich verknüpftes Netzwerk von Interaktionen immer in Mischformen statt. In dieser realen Präsenz überwiegt jedoch einer der beiden Idealtypen und gibt Aufschluss auf ein gemeinschaftliches oder ein gesellschaftliches Grundprinzip. In allen Handlungen mögen Aspekte beider Idealtypen vorkommen, die sich ergänzen, Entscheidungen bestärken oder immer wieder einen kritischen Geist wachrufen, indem wir uns selbst als Teil einer Gemeinschaft mit den Erfahrungen „unserer Leute" beschäftigen. Erst dieses Pendeln zwischen den Willensformen führt zu Fortschritt und der Fähigkeit „Bestehendes" zu konservieren, zu überdenken und unter Umständen selbstähnlich, das heißt zeitgemäß, aber typisch zu interpretieren. Keine Gemeinschaft wiederholt ausschließlich identisch – auch Gemeinschaften passen sich, um als kulturelle Systeme zu überleben, den Gegebenheiten der Welt an, konservieren jedoch ihre grundsätzlichen gedanklichen Muster und Inhalte.

Und doch: Die postmodernen Dienstleistungsgesellschaften legen ihre gemeinschaftlichen Dispositionen zugunsten einer grenzenlosen Hyperkultur unter dem Leitmotiv eines ineinandergreifenden wirtschaftlichen Austausches immer stärker ab. Diese Tendenz ist weltweit zu beobachten, wenn auch die westlich geprägten Systeme stringent vorangehen.

Die Welt der Spätmoderne, die sich selbst in kleinen, selbstbezogenen Einheiten, also Gemeinschaften, bewegt, widerspricht den Logiken einer wachstumsorientierten Ordnung. Stattdessen gilt das Postulat der Skalierung, die jede Erfindung, jedes Produkt, jede Dienstleistung von einem Smartphone über eine Restaurantkette oder einen Spielfilm global verwertbar machen möchte. Die ganze Welt ist der Markt und das Internet befähigt selbst den kleinsten Schneider von einem Kundenkreis von potenziell 7,5 Mrd. Menschen auszugehen. Der Hyperkonsumismus der Postmoderne funktioniert nur, weil sämtliche Stufen der Wertschöpfung radikaler Spezialisierung unterliegen. Produkte können in kompetitiven Verdrängungsmärkten bestehen, weil Komponenten und Arbeitsvorgänge in unzählige Einzelschritte zerlegt werden, die den jeweils kostengünstigsten Lieferanten oder Dienstleister involvieren. Kaum noch ein Produkt aus einer Hand – alles zerfällt in ein System rationaler Logiken. Nur deshalb ist nachvollziehbar, warum „die alten Dinge", die noch aus einer Werkstatt, aus einem Betrieb stammen von einem Handwerksmeister als „Vintage Stücke" Faszination und Wertschätzung auslösen. Ihr Wert liegt in der Vorstellung des „Einzelstücks", des Besonderen, des Authentischen.

Zeitgleich kommt es zu einem strukturellen Zielkonflikt innerhalb der Spätmoderne: In dem Moment des kollektiven Entdeckens des Besonderen wird es sukzessive zu einer Mode, einem Stil, also einem seriellen Idealbild. Was sich aus der Vielzahl der Möglichkeiten als resonanzstarker Standardgeber für Besonderes aus der Unendlichkeit des Marktes entwickelt, unterliegt in einem digitalisierten Kommunikationsumfeld einer hohen Ungewissheit. Welches Produkt oder Dienstleistung eben dieses Momentum vor allem mithilfe digitaler Kanäle erfüllt, entzieht sich zu Beginn oftmals einer prognostizierbaren Wahrscheinlichkeit.

Während die klassische Industriegesellschaft Stilmuster im Sinne von Massenprodukten standardisierte und werblich verbreitete, liegt die Kunst der Spätmoderne darin, diese Standardisierung zugunsten einer Aura des

Besonderen zu umgehen und auf eine wahrnehmbare Spezifik durch Verknappung bei gleichzeitiger kollektiver Kenntnis über das Produkt zu erreichen. Schließlich ist das Besondere nur dann besonders, wenn alle verstehen, dass es besonders ist. Der Wunsch nach Besonderheit wird ein Opfer der Jagd nach sozialer Anerkennung.

Der Soziologe Andreas Reckwitz beschreibt die Auswirkungen plastisch: „Häufig wird der Kollektivstil durch eine Marke repräsentiert. Tatsächlich muss man die Kreation von kulturellen Marken mit ihrem jeweils besonderen Profil als eine besonders wirkmächtige Form spätmoderner Singularisierung verstehen. Das Design einer Marke wie Apple, Hugo Boss oder Ligne Roset umfasst dabei nicht nur die Gestaltung des ästhetischen Stils der konsumierbaren Dinge, sondern auch jene der Flagship Stores, der Werbepräsenz oder der Form der Kundenansprache. Die jeweilige Marke steht dann für eine je eigene, narrativ-sinnliche Welt beziehungsweise Identität von erheblicher Komplexität, an welcher der Konsument qua iPad, Anzug oder Sofa partizipiert" (Reckwitz 2018, S. 130).

Auch die Fokussierung auf eine „grüne Weltgesellschaft" hebt den beschriebenen Zielkonflikt nicht auf. Eine an ökologisch-sozialen Prämissen ausgelegte Ökonomie findet bereits heute an den Rändern statt. Die staatlich forcierten Konjunktur-Maßnahmen und Anreize sind ein bemerkenswertes Indiz dafür, dass sich die wirtschaftlichen Akteure ausschließlich von ökonomischen Faktoren leiten lassen, so grün die Absichten auch zu sein scheinen. Das heißt: Die klassische ökonomische Vorstellung des Wachstums leitet weiterhin Volkswirtschaften. Mit Blick auf die ehemals lokalen und nunmehr global verwüstenden, heimatlosen Digital- und Plattformwirtschaftsmodelle von Amazon über Google bis hin zu Airbnb wird deutlich, dass auf lokale Gepflogenheiten basierende Netzwerke stetig auf dem Rückzug sind. Folgt man den Gedanken, dass die Wirtschaft als übergreifende Sphäre, Überbau oder „zweite Natur" (Karl Marx), die Geschicke und Entwicklungen des sozialen Miteinanders bedingt, so ergibt sich eine zunehmende und selbst durch eindringliche Appelle an den Wert der Gemeinschaft nicht zu bremsende Dynamik, die gesellschaftliche Motive und Logiken in den Vordergrund stellt. Schon längst geht es nicht mehr nur um die Vereinheitlichung des weltumspannenden Wirtschaftens, sondern auch der Lebensentwürfe, die sich generalisieren und in denen sich der Mensch als gemeinschaftliches Individuum kleinste Territorien – bis hin zur Familie (z. B. Auslagerung der Erziehung, absolute Mobilität, ständige Erreichbarkeit) behaupten muss.

Dieser Vorgang gelingt nur, weil die Individualität im Serienformat stattfindet. Es ergibt sich ein Zustand, in welchem das Individuum sich selbst reduziert in der Illusion absoluter Freiheit und Austauschbarkeit. Individualisierte Fernsehprogramme und persönliche Einkaufsempfehlungen in Echtzeit auf dem Smartphone, personalisierte Kinder-Märchenbücher sind die Individualisierungsnebelwände der Moderne. Jeder entscheidet frei über seinen Werdegang, seinen Wohnort, seine Produktwahl, seine Religion, seine politischen Präferenzen, sein Geschlecht. Wir meinen, denken und handeln frei mit dem einzigen Problem, dass der Inhalt zutiefst gleich und als Imperativ für die gesamte Welt wirkt – ohne dass es sich so anfühlt. Der Philosoph Richard Schubert verdeutlicht: „Jeder darf nun in Madonnas abgewetzter Federboa tanzen, jeder ohne Zeilenhonorar dahinfeuilletonieren, im permanenten Faschingsumzug der monadischen Demokratie als Model, Blogger, Literaturkritiker, Weltretter, In- und Auslandskorrespondent, Wahlkämpfer, Meisterkoch oder einfach

4 Über den Kollektivwillen

nur er selbst gehen. Weil das ohnehin keinen Wert mehr hat. Hinterm virtuellen Karneval der Selbstermächtigung vollzieht sich die reale Entmündigung" (Schuberth 2018, S. 131).

Die Fabrikation der Erhöhung und Verteidigung des Individualismus in einer Kultur der inhaltlichen Gleichheit aller wirkt als Grundrauschen über alle Aspekte des Sozialen. Das Soziale entwickelt sich in atemberaubender Geschwindigkeit von einer Welt der Gemeinschaften hin zu einem System, in dem unterschiedliche Gesellschaften aufeinandertreffen und miteinander – ziel- und zweckorientiert – interagieren.

Ferdinand Tönnies schien diese Entwicklung bereits im letzten Jahr des 19. Jahrhunderts vorausgeahnt zu haben. In einem Brief am 14. Mai 1899 an den dänischen Philosophen Harald Höffding ist zu lesen: „Soviel ich weiss, habe ich allerdings in dem Urteile niemals gewankt, daß die gesamte moderne Entwicklung wesentlich negativ und kritisch ist, eben wegen des vorherrschenden gesellschaftlichen Charakters, der sie notwendigerweise trägt; dass sie also schließlich allerdings zum Tode dieser Kultur führen muß... Wir wissen deutlich, das wir über die Blüte unseres Lebens hinaus sind und auf dem absteigenden Aste uns befinden... Ich meine, wir haben den Boden zu bereiten für eine neue Kultur, die vielleicht erst nach 4 bis 500 Jahren ihr eigentliches Leben beginnen wird und wir können ihr keinen besseren Boden bereiten, als wenn wir der gegenwärtigen alten Kultur soviel Gesundheit und Rüstigkeit als irgend möglich einflössen. Das aber geschieht nicht durch Erhaltung des durch und durch revolutionären, demoralisierenden und deintellektualisierenden Kapitalismus und der Gesellschaft, auch [nicht] durch Erhaltung innerlich unwahr gewordener Gemeinschaften, wie der Kirche, der Monarchie u.s.w." (Briefwechsel Tönnies – Harald Höffding 1989, S. 65).

In der dominanten Zweckhaftigkeit gesellschaftlicher Systeme kommt der Mensch nur noch oberflächlich zu Ruhe und Kontemplation, um sich seines tiefsten Individuationspunktes bewusst zu werden und verwechselt den personalisierten Yoga-Kurs an der Algarve, das Achtsamkeitsseminar per App oder eine bewusste Ernährung mit einem selbstbewegten Impuls. Alle belästigen und bestätigen sich zugleich gegenseitig multipel und scheitern unendlich, weil es immer jemanden geben wird, der „eine noch tollere Karriere", „eine noch harmonischere Familie" oder ein noch „schöneres Einfamilienhaus von 1914 mit echtem Stuck und Blick auf eine unbebaubare landwirtschaftliche Nutzfläche besitzt" – zumindest in der Phantasie (vgl. Errichiello 2019).

Vielleicht waren wir noch nie so wenig wir selbst wie heute – gerade weil es anders scheint, gerade weil die Logiken dieser Zeit nicht mit bestimmten Akteuren verknüpft sind, sondern alle Opfer zugleich Täter sind.

Mit diesem Blick auf die Spätmoderne und in Bezugnahme auf eine Theorie des Sozialen, die trennscharf zwischen gemeinschaftlichen und gesellschaftlichen Idealtypen unterscheidet, kann der Versuch unternommen werden, Prämissen hinsichtlich eines „Willens der Vielen" zu verdeutlichen.

Zusammenfassung: Was kennzeichnet den kollektiven Willen?

- Das Soziale entsteht in dem Moment, wo Menschen mit Menschen, Menschen mit Dingen oder Menschen mit Ideen in eine bejahende, förderliche Interaktion treten.
- Als Hyper- oder Ideenorganismen tritt der soziale Wille als Quasi-Person auf.
- Hyperorganismen sind für die Wahrnehmung und Beurteilung ebenso „real" wie Menschen oder Gruppen.

- Der soziale Wille lässt sich in zwei Idealtypen trennen. Der gemeinschaftliche Wille ist geschichtlich begründet und ist eine Form des intuitiven Herzenswillens. Der gesellschaftliche Wille ist autonom, zweckgebunden, situativ und in die Zukunft gerichtet.
- Die Spätmoderne hat das Bedürfnis nach sozialen Bindungen nicht aufgehoben oder geschwächt, sondern lediglich die Anknüpfungsformen verändert.
- In einer Welt der Hyperkomplexität und rasanten Beschleunigung nehmen gesellschaftlich orientierte Organisationen zunehmend den Platz ein, den früher gemeinschaftliche Bündnissysteme innehatten.
- Gesellschaftliche Interaktionen und Verbindungen kennzeichnet ihre Zweckgebundenheit. Aus diesem Grund sind sie variabler und flüchtiger – sie unterliegen einem zeitgebundenen Austauschmechanismus.
- Für den Menschen der Spätmoderne ist der Preis hoher Individualisierungsoptionen die lockere Verwurzelung seiner selbst – alle Bereiche des Lebens unterliegen dem Austausch vor dem Hintergrund einer ständigen Anpassungsoptimierung.

Literatur

Deichsel A (2006) Markensoziologie. Deutscher Fachverlag, Frankfurt a. M.

Errichiello O (2019) Einsamkeit und die Kraft der Marke. Springer Nature, Wiesbaden

Estel B (1983) Soziale Vorurteile und soziale Urteile. VS Verlag, Opladen, Kritik und wissenssoziologische Grundlegung der Vorurteilsforschung

Jullien F (2018) Es gibt keine kulturelle Identität. Suhrkamp, Berlin

Reckwitz A (2018) Die Gesellschaft der Singularitäten. Suhrkamp, Berlin

Schuberth R (2018) Narzissmus und Konformität. Selbstliebe als Illusion und Befreiung. Matthes & Seitz, Berlin

Tönnies F (1909) Die Sitte. Rütten und Loening, Frankfurt a. M.

Tönnies F (1991) Gemeinschaft und Gesellschaft. Grundbegriffe der Reinen Soziologie, Wissenschaftliche Buchgesellschaft, Darmstadt

Bickel C/ Fechner R (beide Hrsg.) (1989) Briefwechsel Ferdinand Tönnies – Harald Höffding. Beiträge zur Sozialforschung (BSO), Bd. 4. Duncker und Humblot, Berlin

5

Über Meinungen vieler

Inhaltsverzeichnis

5.1 Öffentliche und öffentliche Meinung 76
5.2 Ethik und Moral 82
5.3 Öffentliche Meinung als „richtige Stimme in uns" . . . 85
5.4 Zweck und Sinn der Vorurteile 87
5.5 Eine leitende Instanz 89
Literatur 93

Gemeinschaften und Gesellschaften kommunizieren ihre Ge- und Verbote, ihre kommunikativen Resonanzräume in unterschiedlichen Formen der Meinung. Um das kollektive Verzeihen zu verstehen, macht es Sinn, sich mit einem sozialpsychologischen Verständnis der Öffentlichen Meinung vertraut zu machen. Es hilft im Dickicht der alltäglichen Vermischung von Meinung, Information und Nachricht die Wirklichkeit klarer zu durchdringen. Und vor allem: Um kollektives Verzeihen zu verstehen, ist es entscheidend nachzuvollziehen, wie sich ein überpersonales Urteil überhaupt bildet.

5.1 Öffentliche und öffentliche Meinung

Das Internet und die einschlägigen Business-Netzwerke wirken wie Heilands paradiesische Auen: Überall sprießen wunderbare Visionen, Szenarien und Konzepte für die Zukunft. Zukunfts- und Trendforscher bedienen enigmatisch-raunend den Wunsch nach einer greifbar besseren Welt. Gerne nehmen Medienmacher den linden Ausblick auf und verbreiteten fleißig die Agenda: Ökologie, Fairness und Solidarität. Die Botschaft: Sie steht vor der Tür – bald, ganz bald werden wir einen besseren, ökofairen Globus schaffen. Die Solidarität des Menschengeschlechts ist nur noch einen Steinwurf entfernt – die vielen Einkaufshilfen, Nachbarschaftsinitiativen, Flash-Mobs, mit Verve geschriebenen Leitartikel und possierlichen Klatsch-Happenings in Krisenzeiten sind nur ein Vorgeschmack auf wahrhaft revolutionäre Zustände. Und die ganze Welt der Journalisten und Kreativen folgt – ganz seriell-individuell – mit einem unerschöpflichen Stakkato aus nachdrücklichen Kommentaren, „Whitepapern" und „Gedankenstücken" zur Post-Kapitalismus-Gesellschaft. Jeder darf phantasieren und ganz nebenbei die eigene Unwichtigkeit in Zeiten von fast 8 Mrd. Menschen kraftvoll wegbloggen und dabei global Stellung beziehen. Die Menschen verdeutlichen sich ihrer Relevanz durch kräftiges gegenseitiges Drücken aller „Like"-Buttons weltweit. Echokammern der Intelligenzia globale. So ist es, wenn die Ergebnisse unseres Tuns auch genauso gut nicht sein müssten: Die Welt wäre keine andere …

Die Öffentliche Meinung ist ein individuelles, konkretes Ideenlebewesen, das zwar nicht anfassbar im Sinne klarer körperlicher Grenzen ist, das kein Mensch in seiner Ganzheit je getroffen hat, aber als Subjekt der Wahrnehmung die Handlungen der Menschen (mit-) bestimmt und ihre Urteilskraft lenkt. Tesla, Deutschland, Hamburg oder „der Staat" sind ideelle Realitäten – auch wenn sie viel mehr sind als ein anfassbares Produkt, ein Gebäude oder eine Verfassung. Über alle die aufgeführten Formen sprechen Menschen, geben ihre Meinung, ihr Urteil preis und treten mitunter in einen Widerstreit der Ansichten und Beurteilungen. Ideenlebewesen sind Kristallisationskerne und Mosaiksteine des Selbstbildes und der mit ihnen verbundenen subjektiven Wahrnehmungen, die uns zu Anhängern, Gegnern oder zu unbestimmt-unbeteiligten Verwendern oder Beobachtern werden lassen. Indem wir von „unseren Dingen" erzählen, unserem Lieblingsrestaurant, unserem präferierten Ferienort, unserem Lieblingsbuch, berichten wir auch immer von uns selbst und wie wir gesehen werden wollen (übrigens setzt dies eine gleiche Vorstellung von den Inhalten voraus). Entscheidend ist, dass diese Beurteilungsebenen vor einem analytischen Hintergrund differenzierbar sind. Analog zur Vorstellung, dass Menschen entweder gemeinschaftliche oder gesellschaftliche Bündnisse eingehen, lassen sich auch Meinungen in zwei Idealtypen ordnen.

Die Öffentliche Meinung ist ein Resultat des zivilisatorischen Prozesses, in dem immer mehr Gemeinschaften aufeinandertrafen und die Durchsetzungsfähigkeit einer Gemeinschaft über Krieg oder Gewalt viele Kräfte und Ressourcen benötigte. Es galt demgegenüber einen Zustand herbeizuführen, indem zwei Gemeinschaften in Bezug auf einen Sachverhalt sich friedlich organisierten – beispielsweise ursprünglich über die Nutzung einer Wasserstelle oder eines Gebietes, das Nahrung bereitstellte. Dies setzte zunächst mündlich besprochene, später sogar schriftlich fixierte Verträge voraus. Der Vertrag impliziert das Verständnis von Vertragen, indem Menschen ihr Verhalten jetzt und in Zukunft absprechen. Es liegt auf der Hand, dass die öffentliche Meinung ein Produkt menschlicher Verdichtung als Ausprägung der Neuzeit ist, die im Lauf der Jahrhunderte immer vielfältigere und differenzierte Formen des Kollektivwillens hervorgebracht hat. Ihr Ziel besteht darin, Menschen und ihre Gemeinschaften in eine Ordnung zu bringen, die ihr Überleben und Wachstum als klar abgegrenzte Gemeinschaft sichert – gerade aufgrund ihrer Vielschichtigkeit und des permanenten Aufeinandertreffens. Es entsteht ein Paradox: Um die Vitalität der Gemeinschaften zu sichern, werden gesellschaftlich fundierte Beziehungen zu anderen Gemeinschaften geschlossen.

Die Einhaltung dieser Verträge unterliegt einem Prüfen und Abwägen. Im Duktus seiner Zeit schrieb Tönnies in „Kritik der Öffentlichen Meinung": „Alle denkfähigen Menschen haben und hegen gewisse ‚Ansichten' über sogenannte göttliche und sogenannte menschliche Dinge, über Vorgänge der Natur und des Kulturlebens, vergangene, gegenwärtige, zukünftige; mehr oder minder bestimmte, mehr oder weniger feste und entschiedene ‚Ansichten'. Wenn diese Ansichten ‚Meinungen' genannt werden, so ist in dieser Benennung eine Hindeutung auf die Mannigfaltigkeit und Verschiedenheit, daher auch auf ihre Subjektivität enthalten, und also darauf, daß sie vielfach einander widerstreiten und entgegengesetzt sind, zum guten Teil einander ausschließen, so daß von den entgegengesetzten nur die eine ‚richtig' sein kann, während die andere ‚falsch' sein muß, wenn nicht etwa beide unrichtig sind" (Tönnies 2002, S. 37). Tönnies macht deutlich, dass das Meinen, analog zur Transformation der Zivilisation von der Gemeinschaft zur Gesellschaft, sich vom Glauben zum Wissen entwickelt. Die Gemeinschaft sei geprägt von gegebenen, überlieferten Meinungen, Glaubenssätzen und Dogmen, die von Generation zu Generation weitergegeben würden (vgl. Tönnies 2002, S. 115).

Auf den ersten Blick scheint es, dass die Welt von heute eben keine einheitliche Meinung, mit eindeutigen Botschaften kennzeichnet: Jedes Land, jede Kultur, jeder Verein und jeder Mensch nimmt zurecht für sich in Anspruch nicht nur eine, sondern seine eigene Meinung zu haben und kraftvoll zu vertreten. Ob es sich dabei um individuelle Standpunkte und Sichtweisen handelt oder um die Wiedergabe durchgesetzter Ansichten ist dabei in einer strukturellen Betrachtung unerheblich. Es zählt vielmehr die zeitgemäße Eigenwahrnehmung und Selbstrepräsentation als autonom entscheidendes und handelndes Individuum. Ob es sich dabei um eine reale Analyse der Individualisierungstiefe in der Postmoderne handelt oder ein idealisiertes Wunschbild als wirkmächtiger Entscheider ist eine der meistdiskutierten Fragen der Jetztzeit (siehe dazu S. 37–39). Bereits der sozialwissenschaftliche Großmeister Theodor Adorno ließ uns vor dem Angebot individueller Müslis, Sportschuhe oder opulenter Frühstücksbuffets wissen, dass es eine Anmaßung der allermeisten Menschen sei, wenn sie das Wort „Ich" nutzen würden. Und der Psychoanalytiker und Philosoph Erich Fromm fügte hinzu, dass der Mensch erst durch den Menschen zum Menschen würde.

Es sei folgender Gedanke erlaubt: Es ist mitnichten so, dass sich hinter dem zeitgeistigen Ideal der Individualität real ein Feuerwerk der Vielfältigkeit verbergen würde. Viel eher erweist sich bei näherer Betrachtung von Menschen die verheerende und bisweilen aufs Gemüt drückende Erkenntnis, wie gleich der Mensch des 21. Jahrhunderts denkt und agiert. Die eigentliche Leistung der Spätmoderne und ihrer vielfältigen Akteure besteht viel eher darin, dass die entscheidenden Lebensmittelpunkte wie Bildung, Arbeit und Konsum eine kommunikative Agenda standardisierten Variantenreichtums ausspielen und inszenieren. Beispielhaft sei die Vielfältigkeit wählbarer Studienfächer, Schulschwerpunkte, Ausbildungen, Lebensentwürfe, Geschlechter, „maßgeschneiderter" Produkte (von der handgekneteten Pizza im Tiefkühlregal bis zur Fischmanufaktur) oder Dienstleistungen (Airbnb oder Authentical Experiences bei Trip Advisor) verdeutlicht.

Von den ca. 100 Mrd. Menschen, die bisher auf diesem Planeten gelebt haben, waren die wenigsten wirklich bahnbrechend „anders" und konnten den Weltenlauf oder zumindest einige ihrer Segmente kurzzeitig verändern. Auf den Punkt gebracht: Im Kern geht es darum, ein Haus am städtischen Regenrückhaltebecken zu bauen, gut einzukaufen, das Gewicht einigermaßen zu kontrollieren und (vielleicht) irgendwann Kinder zu bekommen. Die Füllzeit dazwischen reichern wir mit allerlei exotischen Reisen zunächst mit und dann ohne Rucksäcke, Tandemflügen und Kreisligafußballspielen an – gut versichert natürlich … das ist nichts Ehrenrühriges, sondern im Gegenteil etwas äußerst Beruhigendes.

Und gerade deshalb bleibt das entscheidende Medium, um Individualität zu realisieren, die eigene Meinung. Wo man auch hinblickt: ein Konzert widerstreitender Auffassungen und Ansichten. Doch nicht nur der einzelne Mensch tritt als „Meinungsmaschine" auf, auch die öffentliche Welt ist voll von Zeitungen, Fernsehkanälen, Diskussionsforen, Stadtteilkonferenzen, Erfahrungsaustausch-Begegnungen, Workshops, Blogs und Nachrichtenmagazinen – vom politischen Akteur, weltweiten Influencer bis hin zum Vereinsblatt der Kleingärtner in Hamburg-Bergstedt. Ihre Sicht der Dinge ist das Gegenteil der Auffassung *einer* Welt.

Der Soziologe Rainer Waßner hat diesen Zusammenhang scharf herausgearbeitet. Er schreibt: „Er [Tönnies] identifiziert schließlich 'Meinung' als ein Meinen und Für-Richtig-Halten aus angebbaren Gründen, im Gegensatz zum unbezweifelten Glauben, der 'ist ganze und einheitliche Hingebung an die Person oder die Sache.' [...] Demnach heißt Glauben eigentlich jemandem glauben, eine Beziehung, die für das Meinen nicht möglich ist ... das Glauben ist Sache des Herzens, das Meinen des Kopfes.' Glauben hat man nur einen, Meinungen unendlich viele. Und an Meinungen wiederum interessieren ihn nur öffentlich geäußerte und vor allem verbindende Meinungen. Irgendein Statement von Irgendwo und Irgendwem ist soziologisch belanglos" (Waßner 2020, S. 5).

Die Besonderheit einer Abwägung, ein beurteilendes Koordinatensystem liegt in einem sozialen Sachverhalt, den Tönnies eben mit dem Begriff der „Öffentlichen Meinung" fasst. Dieses für eine jeweilige Gemeinschaft soziale Meinen ist ein Ergebnis von Überlegungen und Erfahrungen, die bei aller Unterschiedlichkeit der Mitglieder an bestimmten Punkten eine Gemeinsamkeit und Übereinstimmung der Meinungen voraussetzt. Diese Gemeinsamkeit des Einordnens und Wollens führt schließlich zu einer kollektiven Verbindlichkeit und einem übergreifenden Verpflichtungszusammenhang: Dieses Meinen ist für diesen Zusammenschluss richtig. Als soziale Kontrollinstanz ist die Öffentliche Meinung ein immerwährendes, selbstaktives Gremium, das das gemeinsame Wollen einer Gruppe – unabhängig von bestehenden Institutionen – prüft und einhält. Dieser Kollektivwille geht von einem übergreifenden sozialen Willen aus, der das Große-Ganze im Blick hat und eben nicht die Eigeninteressen unzähliger, hermetisch abgeschlossener Gemeinschaften.

5.2 Ethik und Moral

Dieser Blick auf das Große-Ganze, mutig Ethik genannt, hat die Menschheit im Blick. Die Ethik steht im Gegensatz zur Moral, die die Gepflogenheiten, Ge- und Verbote einer Gemeinschaft, beispielsweise einer Familie, einer Community oder eines Interessensverbandes umfasst. Moral ist örtlich, eigenbezogen, vielfältig und stets in Konkurrenz zu anderen Moralitäten („Die Moral der Truppe!"). Ethik versucht übergreifende, zweckorientierte Regeln zu verankern – unabhängig von Ort und Zeit („Die Ethik der Menschheit!").

Tönnies differenziert demnach analog zum „Sozialen" auch bei der Öffentlichen Meinung in zwei Idealtypen: Die veröffentlichte Meinung als Sprachrohr der Moral und die Öffentliche Meinung als Handlungs- und Kommunikationskanal der Ethik. Hier gilt: „In Wahrheit will die Öffentliche Meinung immer eine unparteiische, nicht durch Interessen bestimmte Meinung sein, sie behauptet das, wofür sie eintritt, als das Richtige, das durch Vernunft Gebotene, durch Wissenschaft Empfohlene, auf die besten Autoritäten Gestützte oder: Im Sinne des allgemeinen Wohles Notwendige, eine bessere Zukunft Sichernde" (Tönnies 2002, S. 316).

Die Öffentliche Meinung ist eine Art „gedachter Gerichtshof" (Ferdinand Tönnies), der alle Menschen – ohne Ansehen der Person – gleich behandelt und ein übergreifendes Handeln einfordert. Ganz unabhängig, ob es sich um fremde Gruppen, die eigenen Leute oder eine gemeinschaftliche Zusammenkunft handelt. Die öffentliche Meinung schützt und sichert das Verständnis einer Gemeinschaft ab. Tönnies führt aus: „So verstanden ist die öffentliche Meinung die gemeinsame Denkungsart, der kooperative Geist irgendwelcher Gruppe oder Verbindung, sofern sich deren Meinen auf Denken und Wissen aufbauen will, wie es zunächst und am einfachsten in Angelegenheiten des täglichen Lebens, des gemeinen Nutzens und der gemeinsamen und verbindenden Ideen einer sozialen Schicht […]" (Tönnies 2002, S. 99).

Entscheidend für die Öffentliche Meinung ist ihre Einmütigkeit über alle Phänomene und Sachverhalte, die wir als Menschen wahrnehmen: Die Handlungen anderer Menschen, Gemeinschaften, Nationen, Vereine oder auch Religionsgemeinschaften, um nur einige zu nennen.

Der Traum der Einheit der Menschen ist als politisch-philosophisches Konzept eng mit der europäischen Aufklärung des 18. Jahrhunderts verwoben. Bei Friedrich Schiller findet sich dieser Geist eindringlich wieder, als er die Aufgabe des Theaters beschreibt: „Jeder einzelne genießt die Entzückungen aller […] und seine Brust gibt jetzt nur einer Empfindung Raum – es ist diese: ein Mensch zu sein" (zit. nach Wertheimer 2020, S. 338). Und in Beethovens „Ode an die Freude" heißt die entscheidende Liedzeile „Alle Menschen werden Brüder" – nicht überraschend, dass der Texter auch hier Friedrich Schiller gewesen ist.

Die Öffentliche Meinungen selbst differenziert sich – in einem wissenschaftlichen Kontext – in unterschiedliche Dichte-, Dauer- und damit Wirkungsgrade: Fest, flüssig und flüchtig (vgl. Tönnies 2002). Diese auf den ersten Blick abstrakte Kategorisierung macht gerade bei der Bewertung des kollektiven Verzeihens praktischen Sinn, weil jede dieser Aggregatstufen Auswirkungen auf die Kultur des Verzeihens hat. Die drei Stufen sind:

Die feste Öffentliche Meinung

„Die *feste* Öffentliche Meinung ist eine allgemeine, unerschütterliche Überzeugung des Publikums, das [...] ein ganzes Volk oder einen weiteren Kreis der 'zivilisierten Menschheit' vertritt" (Tönnies 2002, S. 165).

Hiermit werden Menschenrechte und Grundwerte wie die Menschenwürde und die Freiheit beschrieben, die über sämtlichen kulturellen Verankerungen oder Gesetzen stehen. Diese Grundsätze wirken übergreifend, sind nicht verhandelbar und gleichsam ewig bindend.

Die flüssige Öffentliche Meinung

Es werden zeitgemäße kollektive Ansichten formuliert, die immer wieder auf die aufgezeigten festen Grundlegungen zurückgreifen. Hier geht es um Fragen wie beispielsweise die Generationengerechtigkeit, die Gleichberechtigung zwischen Frau und Mann oder auch – ganz konkret – den Klimaschutz. Entscheidend ist, dass diese Themen durchaus von unterschiedlichen Akteuren unterschiedlich bewertet werden können. Auch mögen die Inhalte für bestimmte Gemeinschaften nicht oder kaum relevant sein, für andere wiederum das „Maß der Dinge" – zumindest in einem überschaubaren Zeitrahmen (in der Regel handelt es sich um sog. Macro-Trendthematiken, die eine mediale Relevanzzeit von 3–5 Jahren haben). Die eigentlichen Manifestationen der dargestellten Grundwerte sind demnach Objekte des Zeit- und Kulturkreises. Sie mögen über einige Jahre die Handlungsagenda von Politik und Gesellschaft bestimmen, aber ihre Inhalte können unterschiedliche Varianten und Ausprägungen haben.

Die flüchtige Öffentliche Meinung

Rainer Waßner hat in seiner Analyse herausgearbeitet, dass die „flüchtige" Öffentliche Meinung vor allem in den <u>ver</u>öffentlichten Meinungen zutage tritt. Fernsehen oder

Blog, Radio oder Zeitung, sie alle arbeiten mit der Vermeldung großer oder kleiner Aufgeregtheiten, vermeintlicher Vorteilsnahme. Waßner macht ihre Dynamik griffig: „ In ihnen vermischen sich – das ist der Tönnies'sche Hauptgedanke – die Vorgaben der festen und flüssigen Öffentlichen Meinung, die nur gedachte Perspektive der Mensch*heit* [sic!] mit den besonderen örtlichen, situativen, zeitlichen Gegebenheiten, den persönlichen, kommerziellen und ideologischen Bedingungen und Interessen der Publizisten zum Profil einer Sendung, einer Zeitung, eines Programms, eines Regisseurs, eines online-Magazins etc." (Waßner 2020, S. 5).

Daraus folgt: Die Öffentliche Meinung will sich als über allem stehende Meinung öffentlich, d. h. allgemeingültig, einheitlich als ein ethischer Wille kundtun als Ausdruck einer Versammlung, die zwar nie versammelt ist, aber als geistiges Subjekt einer Gesamtheit das Agieren der Menschen eines gemeinsamen Bewusstseins beeinflusst mit – wie oben deutlich wurde – unterschiedlicher Durchsetzungsqualität, Nachhaltigkeit und zeitlicher Relevanz.

5.3 Öffentliche Meinung als „richtige Stimme in uns"

Jetzt wird die Funktion der Öffentlichen Meinung deutlicher: Sie ist ein informelles Versicherungs- und Kontrollsystem der Allgemeinheit – ganz unabhängig von der Vielfältigkeit und Normativität der in sie eingebetteten Gemeinschaften. Als Signalgeber und Korrekturorgan beurteilt diese „soziale Tatsache" (Max Weber) die Aktionen und Handlungen von Menschen und Gruppierungen. Lange bevor ein Sachverhalt juristisch aufgearbeitet werden kann, vielleicht sogar nie rechtswürdig ist, übernimmt die Öffentliche Meinung die Beurteilung, indem sie gebietet, dass „man das nicht tut" oder dies „nicht in Ordnung" ist. Damit ist die Öffentliche Meinung ein spontaner, improvisierter und transparenter Gerichtshof mit nachrichtlicher Qualität. Sie charakterisiert eine Richtung und einen generalisierten Willen, der für sich in Anspruch nimmt, für das unversammelte Alle zu sprechen. Dabei stellt es sogar Autoritäten infrage und prüft sie bedingungslos. Ihre Durchsetzungskraft über alle Kulturen und Zeitalter hinweg liegt in der Einsicht begründet, dass vor dem Hintergrund einer immer komplexeren oder enger werdenden Welt eine ethische Sichtweise die Lebenschancen jeder Gemeinschaft intuitiv absichert. Der kategorische Imperativ (also die feste Öffentliche Meinung) ist die Lebensversicherung auch einer noch so kleinen menschlichen Gestaltungsvariante – egal ob es um die Rechte der Katalanen, indigenen Völker Kanadas, die Friesen an der Nordseeküste oder die Sorben in den Spreewäldern geht.

Diese „gewollte Ordnung" ist dabei als eine soziale Ordnung zu verstehen: Menschen oder Gruppen verstoßen mitunter gegen die Art und Weise wie wir unser Zusammenleben organisiert haben. Die Verlässlichkeit des Miteinanders gerät durch Lüge, Unwahrheit, Regelübertretung oder Vorteilsnahme in Gefahr. Offenheit, Nachvollziehbarkeit und Kalkulierbarkeit werden nicht in der Weise realisiert, wie sie eine Interaktion zweier gleichberechtigter Partner erfordert. Über das Vertrauen hinaus gerät die Anschlussfähigkeit der Interaktion in Gefahr, da die Respektierung und Wertschätzung des anderen nicht erfolgt. Verlässlichkeit als Bedingung einer in vielfältigen Netzwerken verbundenen Sozialität benötigt Erwartbarkeit und ideelle Automatismen, um reibungslos und schnell zu funktionieren.

In einer spätmodernen Gesellschaft fungieren traditionelle und moderne Medien als Instanzen für die Öffentliche

Meinung. Tönnies selbst nennt diese Akteure die „öffentliche Meinung" (mit kleinem ö im Gegensatz zur Öffentlichen Meinung mit großem Ö) – wir würden heute von der veröffentlichten Meinung sprechen. Sie sind Aufmacher, Initiator und Begleiter einer vertrauenswürdigen Einhaltung ethischer Regeln. Ein Verstoß wird in der Regel als „Skandal" bezeichnet. Der griechische Begriff des „Skandalon" geht zurück auf die Wortbedeutung, dass ein Ärgernis entsteht. Das Urteil „falschen" (nicht unbedingt unrechten) Verhaltens wiegt schwerer als manches Gerichtsurteil, da es auf Hörensagen beruht und das informelle Wissen um einen Sachverhalt vertieft. Als „schlechter Ruf" kann es Karrieren und Lebensläufe erbarmungslos zerstören. Als negative Vorurteile wirkt die Öffentliche Meinung nach.

5.4 Zweck und Sinn der Vorurteile

Die Rolle der Vorurteile als Energetikum sozialer Systeme ist immens: Dem Wortsinn nach ist ein Vorurteil ein Urteil, das auf Grundlage unzureichender bzw. einseitiger Information gefällt und generell auf ein Objekt oder seine Varianten angewendet wird. Selbst bei Erhalt weiterer Informationen wird das einmal gefällte Urteil – trotz gegenteiliger Hinweise – nicht revidiert oder allenfalls abgeschwächt. Als Klassiker der Vorurteilsforschung gelten die Arbeiten des Sozialpsychologen Gordon W. Allport aus den 50er bzw. 60er Jahren des vorigen Jahrhunderts. Allport fasst 1954 zusammen: „Vielleicht lautet die kürzeste aller Definitionen des Vorurteils: Von anderen ohne ausreichende Begründung schlecht denken. Diese knappe Formulierung enthält die beiden wesentlichen Elemente aller einschlägigen Definitionen: den Hinweis auf die Unbegründetheit des Urteils und auf den Gefühlston" (Allport 1971, S. 20). Anitra Karsten definierte 1978 kategorisch: „Unter einem Vorurteil verstehe ich [...] ein vorgefaßtes und negatives Urteil über Gruppen von Menschen (oder eine unpersönliche Wesenheit, eine Idee, eine Situation, ein Verhalten), und zwar ein Urteil, das gefühlsmäßig unterbaut ist und nicht mit der Wirklichkeit übereinstimmt" (Karsten 1978, S. 122). Jedoch wies bereits Allport auf die Doppeldeutigkeit des Vorurteils hin. Allport schreibt: „Sie [die o.g. Definition] ist jedoch für die völlige Klarheit zu kurz. Zuerst einmal bezieht sich diese Formulierung auf das negative Vorurteil. Aber manche haben auch positive Vorurteile über andere" (Allport 1971, S. 20).

Das Verständnis des Vorurteils hat sich in den letzten Jahrzehnten gewandelt. Je komplexer und unübersichtlicher die Sozialität wird, desto unmöglicher wird es, ausgewogene Urteile zu treffen. Die moderne Welt funktioniert aufgrund einer Vielzahl von Fokussierungen, Verkürzungen, Wissensreduktionen und kollektiv geteilter Halbwahrheiten. Es scheint, dass aus dieser Erkenntnis die Forschung den „Wahrheitsgehalt" des Begriffes Vorurteil nicht mehr in das Zentrum der definitorischen Bemühungen legt. Rainer Erb formuliert Mitte der 1990er Jahre: „Aus dieser wissenssoziologischen Betrachtung des Vorurteils wird deutlich, welche entscheidende Bedeutung dem Gesellschaftsbild als grundlegend bindender Kontext der Vorurteilsbildung bzw. der Vorurteilskritik zukommt" (Erb 1995, S. 17).

Vorurteile sind demnach nicht explizit unerwünschte Erscheinungen, sie entstehen in einem sozialen Zusammenhang und haben eine „gesellschaftliche Funktion" (Karsten 1978, S. 6). Als individualpsychologisches Konstrukt sind sie in der Lage, den Menschen überschaubare Entscheidungsoptionen zu geben – negative wie positive.

Umso schwieriger ist es, wenn diese gesellschaftliche Funktion nicht erfüllt wird. Damit kommt es zu Irritationen, die in der Lage sind die fragile Balance informeller Netzwerke über kurz oder lang zu schwächen: Gesellschaften verlieren Orientierung.

5.5 Eine leitende Instanz

Die Öffentliche Meinung bewahrt eine Lebenswirklichkeit, die Übertretungen und Verstöße zur Bewahrung bewährter oder eingespielter Abläufe und Inhalte aufspüren möchte, um Irritationen durch Vertrauensbrüche zu vermeiden. Sie wirkt gleichsam als kontrollierendes Radargerät und zerrt Übertretungen ans Licht – macht oftmals Ungesagtes offenbar. Damit repräsentiert die Öffentliche Meinung die Loyalität zur eigenen Gemeinschaft: Ein inhaltlicher Konsens wird permanent erneuert und vergewissert sich durch die öffentliche Resonanz, durch das Publikmachen einer Übertretung. Als soziales Korrektiv erinnert sie an die bestehende Idealvorstellung. Die Schwungkraft der jeweiligen öffentlichen Erregung dient als Gradmesser für die übergreifende Akzeptanz informeller Erwartungshaltungen und einer Vorstellung von „richtig und falsch". In diesem Sinne justiert sich die Öffentliche Meinung permanent selbst – ihr Nutzen entsteht aus dem Moment. Die übergreifende Resonanz ist daher ein niederschwelliges Mittel der Selbstvergewisserung einer realen oder auch nur gedachten Gruppe. Als bündelndes Element bedarf die Öffentliche Meinung immer wieder einer möglichst großen Präsenz, ihre Inhalte sind in der Regel flüchtig und schwer erfassbar. Der Nutzen entsteht aus dem Moment. Längst vergangene Vertrauensbrüche verletzen weniger, werden teilweise sogar mit einem Schmunzeln „über das damals" jovial zur Kenntnis genommen. Denn inzwischen haben sich die Rahmenbedingungen und die Menschen geändert: „damals hätte ich mich geärgert, heute können wir darüber lachen."

Auf den ersten Blick macht die Öffentliche Meinung einen strukturellen Widerspruch offenbar: Einerseits fordert die Öffentliche Meinung ein gesellschaftlich-ethisches Handeln ein, andererseits erfolgt die Kontrolle und die Durchsetzung durch den informellen Ausschluss bzw. die Wiederintegration einer sittenhaft, moralischen Gemeinschaft. Diese Konstellation der Gegensätze ist umso faszinierender, weil die Vorstellung eines redlichen Agierens über alle spezifischen Kulturen vordisponiert ist und mehr umfasst als eine situative Konfliktlösung. Hinter einem Skandal oder einer Regelübertretung steckt in der Regel mehr als der konkrete Fall oder Anlass – viel entscheidender ist die Vorstellung eines alles betreffenden „Richtig" oder „Falsch", das sich zufällig an einem Beispiel manifestiert. Gerade weil den unbedingten Regeln einer Gemeinschaft noch ein ethischer Überbau zu eigen ist, sind sie in der Lage, sich selbst kritisch zu hinterfragen und als klar abgegrenzte Systeme zu optimieren und sich der eigenen, substanziellen Fixpunktsetzung bewusst zu werden.

Ausgerüstet mit dem Werkzeug „Öffentliche Meinung" ergibt sich jetzt für uns eine neue Perspektive in Bezug auf das kollektive Verzeihen: Zwar kennzeichnet sowohl das persönliche Verzeihen als auch das kollektive Verzeihen in der Regel den Bruch mit Erwartungen bzw. Vorurteilen, hinzu kommt allerdings beim kollektiven Verzeihen die Orientierung an transkulturellen und über lange Zeiträume geltenden und durchgesetzten Orientierungsmarken über die Frage, wie die Welt und die Menschen eigentlich zu sein hätten. Der kategorische Imperativ oder die „Goldene Regel" gilt auch hier als richtungsweisend

– ein Webmaster der Moderne. Ein steter Tugendwächter (oder Endboss) im Hintergrund. Wichtig ist allerdings, dass das kollektive Verzeihen in der Form, in der es hier untersucht wird, stets davon ausgeht, dass eine Gruppe einem einzelnen Menschen verzeiht. Diese Differenzierung ist entscheidend, da es nicht um das Verzeihen von Gruppen untereinander geht. Zwar finden sich vor allem im politischen und religiösen Diskurs institutionalisierte Formen der „Entschuldigung" oder des „Um-Verzeihen-bittens", beispielsweise entschuldigte sich im Jahr 2000 der damalige Papst Johannes Paul II für die Irrtümer und Verbrechen, die im Namen des katholischen Glaubens begangen worden sind und 2008 entschuldigte sich der kanadische Ministerpräsident Stephen Harper bei den Ureinwohnern für Leid und Unrecht (der damalige Häuptling der Versammlung der Ersten Nationen in Kanada dankte seinerzeit für die „symbolische Geste".[1]).

Die seinerzeit von Hannah Ahrendt verdeutlichte Problematik, dass Verzeihen eine persönliche Hin-und Zuwendung bedeuten würde, ist dann nachvollziehbar, sofern es sich um die Relation zweier Gruppen und ihrer Vertreter handelt: Entschuldigung und Verzeihung können de facto nur symbolischer Natur sein, weil die Akteure nicht als Verursacher, noch nicht einmal als Botschafter, sondern nur als Stellvertreter für eine Organisation, die sich strukturell verändert hat oder – wie wir es bezeichnet haben – einen Hyperorganismus auftreten. Der Schuldige selbst steht in Distanz zu seiner eigenen Gruppe. Die vorliegende Untersuchung allerdings geht von einem Menschen aus, der Verursacher einer Irritation ist und in Beziehung zu einer Gruppe steht, in deren Aktionsfeld er

---

[1] https://www.welt.de/welt_print/article2097765/Indianer-danken-Kanada-fuer-Bitte-um-Entschuldigung.html

bisher agiert hat. Die Gruppe selbst mag unterschiedliche Dichtegrade aufweisen, mitunter diffus sein, aber sie ist in der Lage, ein falsches Handeln (informell, juristisch oder durch die veröffentlichte Meinung) direkt zu erfassen und zu sanktionieren.

Zusammenfassung: Was kennzeichnet die Öffentliche Meinung?

- Die Öffentliche Meinung ist ein Ideenlebewesen.
- Als Ideenlebewesen strukturiert die Öffentliche Meinung ein ethisches Weltbild in unterschiedlichen Wirkungsgraden.
- Ethik wird als weltumspannende Verbundenheit aller Menschen verstanden.
- Die Öffentliche Meinung spürt Verstöße gegen die Ethik auf und macht sie publik.
- Der Verstoß liegt in der Regel in der Nicht-Einlösung oder Irritation durchgesetzter Erwartungshaltungen und Vorurteilsdispositionen. Die Öffentliche Meinung basiert auf der Einhaltung normativer Verlässlichkeiten.
- In der Veröffentlichung eines „redlichen" Menschenbildes vergewissert sich eine Gemeinschaft ihrer Solidarität und lädt die normativen Vorstellungen von „richtig und falsch" permanent auf.
- Gemeinschaften sind Moralotope – Gruppen in denen Konformitäten, Erwartungen und Regelungen gelten.
- Moral wird verstanden als gruppen- oder gemeinschaftsbedingte Verbundenheit bestimmter Menschen. Moral ist Haltung für das eigene Interesse.
- Ethik ist unmoralisch. Moral ist nicht ethisch.
- Die Öffentliche Meinung nutzt ethische Inhalte, um die Kohärenz und Stabilität spezifischer Gruppen abzusichern und Zusageverlässlichkeit der Handlungsweisen zu bestärken.

Literatur

Allport GW (1971) Die Natur des Vorurteils. Kiepenheuer & Witsch, Köln

Erb R (1995) Die Diskriminierung von Minderheiten. Wie entstehen Vorurteile? In: Lengfeld H (Hrsg.): Entfesselte Feindbilder. Edition Sigma, Berlin

Karsten A (1978) Vorurteil. Ergebnisse psychologischer und sozialpsychologischer Forschung, Wissenschaftliche Buchgesellschaft, Darmstadt

Waßner R (2020) Die Öffentliche Meinung als Nachfolgerin der Religion. Meinungskämpfe und Meinungsbündnisse in der Moderne, Unveröffentlichter Aufsatz, Hamburg

Wertheimer J (2020) Europa. Geschichte seiner Kulturen, Pinguin, München

Tönnies F (2002) Kritik der öffentlichen Meinung. Walter de Gruyter, Berlin

6

Über das kollektive Verzeihen

Inhaltsverzeichnis

6.1 Das kollektive Verzeihen … vermittelt Information. 97
6.2 Das kollektive Verzeihen … ist ein psychologischer Mechanismus der Befreiung 97
6.3 Das kollektive Verzeihen … besteht nur, wenn die Freiheit zur Wahl einer Entscheidung besteht 98
6.4 Das kollektive Verzeihen … ist ein Mechanismus, der das Vertrauen in eine Beziehungs-Konstellation wiederherstellt. 98
6.5 Das kollektive Verzeihen … ist in Bezug auf eine kollektive Ebene ein Resultat der Öffentlichen Meinung. 99
6.6 Das kollektive Verzeihen … gelingt, indem der aktiv um Verzeihung Bittende, seine beanstandeten Handlungen öffentlich bekennt und thematisiert . . 100
6.7 Das kollektive Verzeihen … wirkt beispielhaft, einmalig und unendlich. 101
Literatur. 102

Ein analytisches Verständnis über das kollektive Verzeihen berührt unterschiedliche Dimensionen: Von der Autonomie des Individuums über den Kollektivwillen, das Vorurteil, das Verzeihen als kulturelle Technik bis hin zur Öffentlichen Meinung. Auch wird deutlich, dass es eine Struktur des Verzeihens gibt und das sich Stufen des Verzeihens abgrenzen lassen – mögen die spezifischen Hintergründe noch so verschieden sein. Aber selbst wenn man die Erkenntnisse der Wissenschaften anwendet, so bleibt doch der entscheidende Faktor für das Verzeihen unbestimmbar: Die Gefühlsentscheidung. Nur zu oft fühlen wir, ob wir einem anderen Menschen erneut Vertrauen schenken und tragen die Konsequenzen eigenverantwortlich. Diese intuitive Entscheidung gilt auch für Kollektive, mögen auch die Schritte und Zeithorizonte verschieden sein.

Ziel ist es nun, eine Art Gedankenskizze zu einer Theorie des kollektiven Verzeihens entwickeln – bei aller wissenschaftlichen Einschränkung. Schließlich bewegt sich die Analyse noch weitgehend an der Oberfläche, hätte doch jedes der zuvor genannten Felder eine eingehende, fundierte und epochenübergreifende Durchdringung erfordert. Jedoch: Auch wenn die aufgezeigten Bereiche noch nicht in aller Tiefe aufgeführt werden, so lassen sich erste Erkenntnisse darüber ziehen, was kollektives Verzeihen bedeutet und in welchen Formen, Strukturen und Zeithorizonten es auftritt. Dies ist und bleibt umso wichtiger, weil die Integration der Öffentlichen Meinung für das Verzeihen ursächlich ist und in der bisherigen Diskussion keine Rolle spielt.

Letztlich versucht diese Theorie des kollektiven Verzeihens „in progress" eine Art Richtschnur zu sein, um zu prüfen, ob die Grundbedingungen für das Verzeihen überhaupt gegeben sind und in welcher Phase der Verzeihung, sich die Akteure befinden.

Was sind also die sieben Stufen des kollektiven Verzeihens?

6.1 Das kollektive Verzeihen ... vermittelt Information

Als Standardgeber für das sozial erwünschte und unerwünschte Verhalten lotet das kollektive Verzeihen als Wahrnehmungserforschung die Grenzen und Inhalte der Ethik aus. Sie ist eine nirgendwo hinterlegte, nirgendwo überprüfbare Mitteilung, die ihrer aktiven und unmittelbaren Vergewisserung bedarf, um als Orientierungsgeber dennoch wirksam zu sein. Das kollektive Verzeihen benötigt die Überschreitung, den Verstoß, den Regelbruch, um intuitive Regelungen in der Realität erfahrbar zu machen und so ein Erlernen zu ermöglichen. Als soziales Bezugs- und Koordinatensystem ist es geprägt von einer Vorstellung der Nähe aller Menschen und einer übergreifenden Wesensverwandtschaft.

6.2 Das kollektive Verzeihen ... ist ein psychologischer Mechanismus der Befreiung

Indem individuelle Übertretungen in das Zentrum einer öffentlichen Diskussion rücken, werden die belastenden Ängste einer Gemeinschaft offensichtlich. In extremen Fall wirkt die Vorstellung, dass ein falsches oder unsolidarisches Verhalten das Auseinanderbrechen eben einer Gemeinschaft bedingt. Neben der Orientierungsfunktion führt die Öffentlichmachung zu einer ersten kollektiven Angstdämpfung: Das Kollektiv vergewissert sich seiner Wachsamkeit und leitet demnach erste Schritte zur Sicherung ein. Die Angst wird zu einer Handlung und somit zu einem psychologisch befreienden Ventil.

6.3 Das kollektive Verzeihen … besteht nur, wenn die Freiheit zur Wahl einer Entscheidung besteht

Die Wahlfreiheit setzt voraus, dass Menschen ihre Entscheidung intuitiv, auf Basis ihres ästhetischen Urteils oder zukunftsgerichtet und abwägend treffen können. Weil jeder Mensch irren kann und grundsätzlich die Erfahrung einer Fehlentscheidung kennt, besteht die Möglichkeit einer Relativierung einer Handlung, die unerwartet und falsch war. Das „Jeder macht mal Fehler" (theologisch gewendet: Die Erbsünde des Menschen) kann zur einer Solidarisierung mit einem Schuldigen führen. Damit wird die individuelle Schuld generalisiert und gleichsam naturgegeben verortet. Nicht der einzelne handelt, sondern das Menschliche handelt in uns. Dies bedingt eine generelle Verzeihbarkeit.

6.4 Das kollektive Verzeihen … ist ein Mechanismus, der das Vertrauen in eine Beziehungs-Konstellation wiederherstellt

Verzeihen ist dann nötig, wenn ein Mensch nicht so gehandelt hat, wie es die Erfahrung mit ihm an sich nahegelegt hätte oder aber wie es den kulturell verankerten Gepflogenheiten entspricht – das Verhalten war unzuverlässig. Allerdings geht diese Sichtweise davon aus, dass objektive Informationen bestehen, ein Richtmaß der Wahrheit und vor allem eine für alle Menschen identische Wahrnehmung der Realitäten. Das ist ein Trugbild. Oswald Spengler hat dies eindringlich verdeutlicht: „Es wird eines Tages das letzte Bildnis Rembrandts und der letzte Takt Mozartscher Musik aufgehört haben zu sein, obwohl eine bemalte Leinwand und ein Notenblatt vielleicht übrig sind, weil das letzte Auge und Ohr verschwand, das ihrer Formensprache zugänglich war. Vergänglich ist jeder Gedanke, jeder Glaube, jede Wissenschaft, sobald die Geister erloschen sind, in deren Welten ihre 'ewigen Wahrheiten' mit Notwendigkeit als wahr empfunden wurden." (Spengler 1986, S. 217).

Klar ist, dass selbst die Vorstellung einer ethischen Bedingtheit des Menschen Kultur, Sichtweise und Zeitgeist entspricht. Wahrheit ist stets ein soziales Konstrukt. Jedoch: Indem verziehen wird, besteht die Prognose, dass der um Verzeihung Bittende in Zukunft erneut so handelt, wie es bisher üblich war bzw. wie es den Standards der verletzten Gemeinschaft entspricht. Das Verzeihen selbst scheint in der Lage zu sein, einen durchaus verhandelbaren inhaltlichen Diskurs zugunsten des Verzeihens selbst zu verdrängen.

6.5 Das kollektive Verzeihen ... ist in Bezug auf eine kollektive Ebene ein Resultat der Öffentlichen Meinung

Die verbreitete Auffassung, dass Verzeihen eine intime Interaktion zwischen zwei Menschen voraussetzt, beweist die Lebensrealität, dass Kollektive Verstöße erkennen, ahnden und in der Regel eine Wiederaufnahme in eine

Gemeinschaft zulassen. Die Öffentliche Meinung kennzeichnet ein improvisiertes Ge- und Verbotssystem, das nicht einer gruppenspezifischen Normierung unterliegt, sondern das „Große-Ganze des Menschlichen" als Nachricht in das Zentrum der Erwartungshaltung rückt. Das kollektive Verzeihen ist – seinem Grundverständnis nach – immer eine Aufforderung, eine Inbesitznahme der Optionen, die gleichzeitig zum sozialen Zusammenhalt beiträgt.

6.6 Das kollektive Verzeihen … gelingt, indem der aktiv um Verzeihung Bittende, seine beanstandeten Handlungen öffentlich bekennt und thematisiert

Bei wem muss sich jemand entschuldigen, dessen Handlungen viel weniger Menschen konkret geschadet haben, als sich davon betroffen fühlen? So mag die Inanspruchnahme von besonderen Vergünstigungen als Person des öffentlichen Lebens (beispielsweise ein Politiker, der sich mehrfach opulent zum Essen einladen lässt), kaum jemandem direkt schaden und dennoch mag eine „Welle der Empörung" und des Unverständnisses wirksam werden. Die öffentliche Irritation ist aus Gründen der Gleichbehandlung so vehement: Wenn ein Mensch diese Vergünstigungen erhält, ist dies nicht nur ungerecht (da jeder andere sein Essen im Regelfall selbst bezahlen muss), sondern es entsteht die generelle Ahnung, dass ein Mensch nicht mehr zwischen „richtig und falsch" unterscheidet. Der konkrete Sachverhalt wird generalisiert.

Der eigentliche Wert des kollektiven Verzeihens liegt somit in seiner Stabilisatorfunktion für die Gemeinschaft. Die Erwartungshaltung wurde enttäuscht. Eine Chance auf Verzeihen besteht nur dann, wenn der um Verzeihung Bittende seine Schuld öffentlich macht, also vor aller Welt seine Fehlbarkeit und situative Verwegenheit bekennt. Diese Form der Demut erweist sich als Möglichkeit, die gleichsam zuvor überragende eigene Bedeutung zu reduzieren und wieder an ein Kernelement der Öffentlichen Meinung, die Gleichheit aller Menschen, anzuknüpfen. Das Bekennen einer persönlichen Schuld ist der Schlüssel, um durch ein „Mea culpa" seine Mängelhaftigkeit als Mensch anzuerkennen und den Glauben an die Zuverlässigkeit erneut herzustellen.

6.7 Das kollektive Verzeihen … wirkt beispielhaft, einmalig und unendlich

Im Gegensatz zu einer juristischen Bestrafung, die nach Verbüßung einer Strafe nicht unbedingt ein Schuldeingeständnis oder eine Einsicht in falsches Handeln einfordert, folgt dem Menschen, dem verziehen wurde, ein ungesagter, aber stets unterschwelliger Anspruch: Im Verzeihen wirkt die Kraft der sanktionierenden Gemeinschaft und die Demut des Einzelnen beispielhaft und zeitlich unbegrenzt nach. Deshalb vergewissert sich eine Gemeinschaft exemplarisch auch längst vergangener Fälle, um Perspektiven aufzuzeigen und die Wirkmächtigkeit gemeinschaftlicher Aktivitäten zu verdeutlichen. Das soziale Verzeihen ist eine Sanktionierung, die nicht von einer offiziellen Macht kontrolliert wird und einer Gruppe die Möglichkeit bietet, sich der verborgenen Resonanz und Akzeptanz ihrer Anhängerschaft bewusst zu werden. Der Einzelne, geprägt von der Beeinflussung durch seine soziale Umwelt und den Vergleich mit den anderen, kann sein in der Regel rechtschaffendes Verhaltensinventar nutzen, um dadurch eine individuelle Aufwertung zu erfahren.

Literatur

Spengler O (1986) Der Untergang des Abendlandes. Umrisse einer Morphologie der Weltgeschichte. dtv, München

7

Schlussgedanken oder: Warum uns Verzeihen zu Menschen macht

Warum ist dieses Buch relevant? Weil die Welt Verzeihen noch nie so nötig hatte wie jetzt. Das liegt nicht daran, dass die Menschen egoistischer, eigenwilliger oder böser sind, als noch vor Jahrzehnten oder Jahrhunderten – Gegenwartsekel und Kulturschelte sind ein wiederkehrendes Motiv der Generationenablöse und verstellen eher den Blick und sorgen nicht für eine strukturelle Analyse des Status quo – sondern das vermeintlich Böse ist in der Komplexität und Vernetzung sämtlicher Bereiche des Lebensalltages begründet. Vielfalt bedingt Fehler. Fehler führen zu Verletzungen. Verletzungen durchdringen die Beziehungen der Menschen.

Gedanken zum Verzeihen in Zeiten der Haltlosigkeit.
Die Spätmoderne funktioniert, weil sie funktionieren muss. Ihr eigentlicher Treibstoff ist die Pausenlosigkeit und die Abwesenheit von Verzögerung: Produktionsketten laufen „just in time", Ausbildung und Lehre sind

so aufgebaut, dass ihre Stufen und Module über generelle Inhalte und Zertifikate ineinandergreifen, Interaktionen aller Art durchzieht ein Netz der Anschlussfähigkeit in Sprache, Habitus und Inhalt. Kommunikation ist alles und bedarf einem Grundverständnis des Verstehens, damit Erklärungen auf ein Mindestmaß reduziert werden – sie kosten Zeit und beinhalten die Möglichkeit eines Abbruchs der Kommunikation. Wir alle „verstehen" grundsätzlich „wie man miteinander umgeht", was gut für Kinder oder eine Beziehung ist oder wie man Kranke und Schwache behandelt. Die moderne Welt beruht darauf, dass die sozialen Aktionssynapsen ineinandergreifen und anschlussfähig sind. Es muss nicht mehr viel geredet werden.

Die größte Gefahr tritt für das Funktionieren einer unendlich komplexen Welt auf, wenn die Kommunikations- oder Kooperationsfähigkeit in Gefahr gerät: Die effektive Maschinerie des fast stillen Funktionierens könnte ins Stocken geraten – nicht nur in Bezug auf die eigentlichen Akteure, sondern von dort ausgehend in viele andere Bereiche. In einer Welt, die auf kleine, regionale Funktionseinheiten begrenzt ist (beispielsweise das Dorf des Mittelalters), in der Verknüpfungen nur am Rande des Systems stattfinden, führt die gemeinschaftliche Qualität der Beziehung dazu, dass ein Verlassen der Gruppe so gut wie nicht möglich ist und dadurch die Anschlussfähigkeit systemisch abgesichert wird. In einer Welt, die zunehmend gesellschaftlich strukturiert ist (siehe S. 33–36), deren Interaktivität zielgerichtet und zeitlich begrenzt ist, sind Kommunikationsabbrüche nicht nur möglich, sondern auch häufig. Dieses Risiko begrenzt der Prozess kollektiven Vertrauens, um zum einen exemplarisch das Verzeihen als individuelle Kulturtechnik zu demonstrieren und zum anderen die Ethik des Verzeihens als förderlichen Mosaikstein

7 Schlussgedanken oder: Warum uns Verzeihen …

des Eigenbildes einer sog. „zivilisierten Gesellschaft" kommunikativ aufwendig zu pflegen und zu verankern.

Unser modernes Eigenbild ist geprägt von dem Willen „gut" zu sein: Nicht mehr ein abstraktes, individuelles „gutes Gefühl" steht im Fokus der Betrachtung, sondern der Kampf für alles Gute in der Welt ist der Kraftstoff der Spätmoderne. Menschen sind die UNO im Kleinformat, Verkünder der frohen Botschaft, der kategorische Imperativ auf den kuscheligen Relax-Sofas dieser Welt: hermetische Hyperethik. Alle machen mit, sogar und gerade die Unternehmen: Pepsi macht eine Peace-Kampagne (vor Ausstrahlung gescheitert), Fritz Cola thematisierte G20, Gilette den neuen Mann (nach der Ausstrahlung gescheitert), Dove das natürliche Aussehen (massive Umsatzeinbrüche), Coca Cola sponsert die Christopher-Street-Days („Hate can't celebrate."), um nur die größten Akteure aufzuführen. Das in den späten 1980er Jahren mit Verve vorgetragene Credo des italienischen Werbers Oliviero Toscani („Die Werbung ist ein lächelndes Aas. Schluss mit der Verdummung durch Werbung."), der mit seiner Benetton-Kampagne Kinderarbeit, Umweltverschmutzung oder AIDS als Werbemotive für Pullis nutzte (und damit die Firma Benetton in die Krise führte …) hat sich umfassend durchgesetzt. Beschaut man sich die großen Namen der New Economy, so schreiben sie sich als Idealtypus eines neuen Wirtschaftsmodells öffentlich nichts weniger auf ihre Fahnen als die Verbesserung der Welt. Der Google-Gründer Larry Page schreibt zu den Zielen der Alphabet-Holding: „Improving the lives of as many people as we can. („Die Verbesserung des Lebens von so vielen Menschen wie möglich."). Die Entwürfe eines postkapitalistischen Wirtschaftssystems stammen also schon längst nicht mehr von aufrechten marxistischen Theoretikern, sondern von Menschen wie Elon Musk oder Mark Zuckerberg …

die Welt ist ein verrückter Ort geworden. Im Marketing schreibt man übrigens diesbezüglich von der Zielgröße „Hyperrelevanz" …

Eines will der Mensch nicht mehr sein: Ein egoistischer Schrat.

Dass allerdings die Voraussetzungen für die (westliche) Ethik in der gnadenlosen Verdrängung, Abschöpfung und Skalierung in allen Bereichen der Welt und des Lebens bestehender ökonomischer, meist lokaler Strukturen liegt, tritt kaum zutage. Im Gegenteil: Je erbarmungsloser der globale Kampf um Ressourcen, Lebenschancen und Hierarchien geführt wird, desto mehr erfüllt der *symbolische Gleichheitswille* den Zweck, das reale Handeln zugunsten eines guten Gewissens zu beruhigen. Reale Revolutionen, eine tatsächliche Veränderung der Verhältnisse sind auch weiterhin nicht erkennbar. Die Natur des Menschen verändert sich auch durch ethische Appelle anscheinend nicht. Die drei K's aus Kindern, Kredit und Kamin haben bisher noch (fast) jeden Barrikadenhelden sediert.

Kollektives Verzeihen ist kein Ergebnis eines zunehmend reflektierten Verhaltens der Menschen mit- und untereinander, sondern es ist eine Notwendigkeit, um die Funktions- und Anschlussfähigkeit moderner Zivilisationen aufrechtzuerhalten und abzusichern. Absichern meint zwei Aspekte: Zum einen ist das kollektive Verzeihen als Prozess öffentlicher Erregung, Diskussion und Befriedung eine der letzten Bastionen, an der „Gemeinschaftlichkeit" im Sinne eines übergreifenden Willens wirksam wird. Zum anderen sichert das kollektive Verzeihen Anschlussfähigkeiten ab, indem fehlerhaftes bzw. gemeinschaftsschädigendes Verhalten zurückgenommen und gleichsam geheilt werden kann.

Die spätmoderne Welt versucht Gleichbehandlung und Autonomiefreiräume als ein Kernprinzip öffentlicher und privater Handlungsprämissen möglichst übergreifend

7 Schlussgedanken oder: Warum uns Verzeihen …

zu realisieren: Kindergartenkinder wählen mangels schreiberischer Kompetenzen per Smiley die Speisen der nächsten Woche, Erwachsene bestimmen ihr Geschlecht selbst, eine genderneutrale Sprache vermeidet ein falsches Mindset, Quoten für Frauen, Migrationshintergrund, Familienstand werden gesetzlich verankert und bisweilen sogar durchgesetzt … mag der Gedanke hinter diesen Entwicklungen ethisch nachvollziehbar sein, so erkennt eine analytische Betrachtung viel tiefergehende und strukturelle Züge der Selbstwahrnehmung. Die absolute Aufwertung individualistischer Entfaltungs- und Entwicklungsmöglichkeiten greift als zeitgemäße Natur der Menschen des 21. Jahrhunderts um sich, wenn die Möglichkeit eines gelingenden, ausgefüllten Lebens auf die irdische Lebensspanne begrenzt ist. Dieser für uns „ganz natürliche" Gedanke ist allerdings mit Blick auf die Geistesgeschichte des Menschen mehr als neu und innovativ. Jahrtausende lang glaubten die Menschen daran, dass das irdische Leben eine Etappe, eine Stufe auf dem Weg zu ihren Göttern, Paradiesen und Fegefeuern war – die Zeit auf der Erde war eine Prüfung im Guten wie Schlechten.

Nun erzeugt für einen Großteil der Weltbevölkerung, vor allem in den westlichen Ländern, der Glaube um ein Leben nach dem Tod immer weniger Resonanz. In der Konsequenz sind allein und ausnahmslos die 70 oder 80 Jahre auf diesem Planeten das Maß aller Dinge, das Spielfeld, auf dem ein erfülltes Leben gelingen kann. Das „irdische Jetzt" bildet das Koordinatensystem für Träume, Wünsche und Handlungen. Diese zumeist unbewusst wirksame Mentalität sucht sich Räume und Objekte, die als Synonyme für die Zielerreichung stehen: Neben altruistischen Zuschreibungen wie Liebe, Zuneigung, Respekt oder Wertschätzung sind es käufliche Waren und Dienstleistungen, die uns, aber auch der Umwelt deutlich machen: Ich realisiere meine Träume und habe es geschafft. Die sichtbare Grandezza als Porsche vor der Villa, dem einjährigen Sabbatical reisend verbracht im australischen Outback, die geschmackvolle Alltagsgarderobe – als soziale Wesen können wir die impliziten Botschaften dieser „Erfolgsgeschichten" lesen und einordnen. Vielleicht mögen Menschen andere Prioritäten fernab der käuflichen Waren- und Dienstleistungswelt setzen, die Alltagsrealität beweist allerdings, dass auch weiterhin die profane Warenwelt Menschen bewegt und in Aktion versetzt.

Bezieht man diese ideologische Disposition der Spätmoderne auf das kollektive Verzeihen, so ist das „Leben im Hier und Jetzt" von besonderer Auswirkung: Es bedeutet, dass das Verzeihen nicht transzendiert wird, also Bestrafung und Verzeihung durch überirdische Instanzen erfolgen (müssen), sondern zunächst der Entscheidung und schließlich der Verzeihung vor Ort, d. h. von den Akteuren direkt erfolgen muss. Der Mensch ist der Verzeiher. Dies ist umso wichtiger, weil eine Welt der Hypervernetzung es sich nicht leisten kann und will Kontaktoptionen abzubrechen, zumal die Vielfältigkeit des „richtig" und „falsch", der Sitten, Gepflogenheiten vor dem Hintergrund einer unzähligen Zahl von Kontakten ebenso viele Möglichkeiten missinterpretierten oder unredlichen Verhaltens zulässt. Selbst die Ethik zerfällt heute in viele Ethiken – so ist die Freiheit des Einzelnen in den westlichen Ländern ohne Frage gesetzt, in asiatischen Kulturräumen wirkt allerdings weiterhin das Primat der Gruppe vor dem Individuum.

Trotz aller wissenschaftlich-analytischen Diagnosen der Tiefenströme einer Theorie des kollektiven Verzeihens bleibt das Verzeihen ein zivilisatorischer Dinosaurier in einer Welt der Gesetze, Vorgaben, Normierungen, Bestimmungen, Verordnungen, Anweisungen und Regelungen. Verzeihen unterliegt in seinem Impuls keinem Schema, keiner Dramaturgie und keiner Bedingung.

7 Schlussgedanken oder: Warum uns Verzeihen …

Menschen verzeihen einander oder ihnen gelingt dieser Zugang nicht – Argumente helfen nicht. Damit handelt es sich um einen archaischen, fast chaotischen Akt des ästhetischen Urteils und Empfindens, der kein einmaliger Vorgang, sondern stets ein Prozess ist. Diese „Rätselhaftigkeit" ist Folge einer individuellen Autonomie, die im grundlegenden Mysterium des Menschen begründet ist. Diese förderlich-konstruktive Energie nutzt die individuelle Kraft und den Vertrauenswillen des Einzelnen zur Sicherung der Funktionsfähigkeit der Gruppe.

Je mehr eine Sozialität ein unterschwelliges Gefühl des Fehlens einer überindividuellen Sinnhaftigkeit kennzeichnet, die Atomisierung des Alltages rasant voranschreitet und weder Politik, Philosophie noch Religion aufgrund einer globalen Kultur der Gleich-Gültigkeit und Beliebigkeit in der Lage ist Relevanz zu vermitteln, übernehmen unerreichbare Hyperideale wie die Öffentliche Meinung die Funktion von Orientierung und geben der Existenz eine zumindest gedachte Bedeutung.

Dessen ungeachtet, ist das Verzeihen ein zutiefst menschlicher Akt. Verzeihen ist ein Versuch, dem zunehmenden Verlust des Individuellen, des Eigenen im zeitgenössischen Stakkato des stetigen standardisierten Wandels für Augenblicke zu entkommen und autonom und in Teilen argumentationsfein – fühlend – zu entscheiden. Verzeihen enthält das Versprechen in einer strukturierten Welt „ganz Mensch" zu sein – wild, unberechenbar und frei. Per se Sinn zu sein und zu haben. Als kollektives Verzeihen partizipieren und profitieren wir stellvertretend an dieser erhebenden Empfindung.

Kaum ein zeitgenössisches Kunstwerk vermittelt die Suche nach Sinn, Bedeutung und intuitiven Wahrheiten der Spätmoderne metaphorisch eindrücklicher als Antony Gormleys Skulptureninstallation „Another Place" (Abb. 7.1): Als Individuen sind wir immer voneinander

Abb. 7.1 Antony Gormley | Another Place, 1997 | Cast iron | 100 elements: each 189 × 53 × 29 cm | Installation view, Stavanger, Norway, 1998 | Photograph by Dag Mirestrand | © the artist

7 Schlussgedanken oder: Warum uns Verzeihen ...

getrennt und doch suchen wir die Nähe zueinander. Unser Blick schweift in die gleiche Richtung, betrifft es die seit jeher wichtigen, berührenden Erfahrungen des Lebens.

Wir sollten uns nichts vormachen: Menschlich sein, heißt chaotisch sein zu können. Gegen alle Logiken zu handeln. Erst dann wird das Leben lebendig. Nicht als isolierte Einzelgänger, sondern um als einzigartige Menschen den anderen zu finden Die Auflösung tradierter Formen sozialer Bindungen hat das Bedürfnis nach Zugehörigkeit zu einer Gemeinschaft, nach tiefen Wurzeln nicht reduziert – im Gegenteil.

Wenn es noch Orte gibt, die sich dem „Gleich" der Hypermoderne entziehen, dann sind es die bedrohten Reservate der Freundschaft und der Liebe. Dort wo Zwecke aufhören und Verzeihen möglich ist.

GPSR Compliance

The European Union's (EU) General Product Safety Regulation (GPSR) is a set of rules that requires consumer products to be safe and our obligations to ensure this.

If you have any concerns about our products, you can contact us on

ProductSafety@springernature.com

In case Publisher is established outside the EU, the EU authorized representative is:

Springer Nature Customer Service Center GmbH
Europaplatz 3
69115 Heidelberg, Germany

www.ingramcontent.com/pod-product-compliance
Lightning Source LLC
LaVergne TN
LVHW022039260326
834688LV00061B/995